Le petit NÉO de la conversation

Le petit NÉO de la conversation

JC Lattès

Illustrations Pascale Etchécopar

Conception et réalisation : Bleu T

ISBN : 978-2-7096-3104-4

SOMMAIRE

Introduction

« Au commencement était le verbe », disait saint Jean. Aujourd'hui, tout est communication, rapport, dialogue, échange. Dans notre monde de troc permanent, on cause, on débat, on argumente, on contredit, on monte au créneau, on abat ses cartes, on se dissimule, on louvoie, on joue franc-jeu.

Et tout cela *avec des mots*...

Mais pour qui n'a pas les mots, pour qui ne possède pas un vivier suffisant d'expressions consacrées, de formules-clés (fussent-elles « toutes faites »), la conversation la plus basique peut se révéler un dangereux marécage où l'on s'enlise comme on s'enfouit dans le silence.

Dis-moi comment tu parles, je te dirai qui tu es : encore faut-il parler ! Tant de choses se heurtent à la barrière de la langue : les négociations, les déclarations d'amour, les condoléances, les emballements, les critiques, les coups de gueule, les coups de cœur... Trop souvent, faute de mots, l'on se tait. Erreur! Le silence mène au confinement; il sclérose. Alors que les mots ouvrent. Oui, c'est bien ça: *l'ouverture*. Les mots sont une porte aux multiples serrures. Ce guide n'entend certes pas offrir la clé à tous les mystères de la science linguistique. Il est juste là pour rappeler que, *grâce aux mots,* la vie est plus simple.

Vous n'avez donc pas entre les mains un dictionnaire, mais un simple vade-mecum. Une trousse de secours linguistique. Un manuel de survie sociale.

Attention: ce livre n'est *en aucun cas* non plus un recueil de bonnes manières. Il ne sera jamais question ici de courtoisie, mais de **bon sens social**; jamais de civilité, mais de sens civique. Dans le langage, les baisemains sont inutiles; mais vivre en groupe, c'est savoir parler à l'autre, quel qu'il soit.

Au boulot !

TUTOYER OU VOUVOYER ?

La langue française a ceci de délicat qu'elle est parfois d'une ambiguïté redoutable concernant les rapports humains.

Le passage du vouvoiement au tutoiement en est l'un des nombreux exemples. Quand tutoyer? Quand vouvoyer? Et pourquoi?

Il n'y a pas de véritable règle mais des principes plus ou moins flexibles, qu'il faut toujours avoir en tête, à la manière d'un couteau suisse utilisable en toutes circonstances.

RÈGLE DE BASE

Le tutoiement est à l'initiative de la personne la **plus âgée**, *ou la* **plus haute** *dans la hiérarchie.*

Cas 1: **Au travail**

◗ Évitez: d'aller voir votre nouveau patron en lui demandant, la bouche en cœur:
« *Tu me prêterais ton portable, j'ai oublié le mien à la maison?* »
Il ne va pas vous virer pour autant mais la notion de « respect » prendra dans son esprit une teinte violacée.

☛ Préférez:
« *Pourrais-je emprunter votre portable?* » Ça ne mange pas de pain.

➔ En revanche, si votre patron vous propose d'emblée: « *Bon, on va bosser ensemble, alors autant se tutoyer* », ne rechignez pas en prétextant un excès de respect: c'est tout aussi risqué.

◗ Évitez:
« *Non, je suis plus à l'aise avec le vouvoiement.* »
Vous risquez de passer pour snob, hautain, méprisant, glaçant, alors que vous n'êtes que timide… Il en profiterait sans doute pour vous tutoyer malgré tout, créant d'emblée un rapport déséquilibré et infantilisant.

☛ Préférez: prendre sur vous, faire bonne figure et refouler toute modestie pour dire avec naturel:
« *Tu as raison, c'est tout aussi simple!* »

➔ Enfin rappelez-vous qu'il est (d'ordinaire) plus difficile de virer quelqu'un qu'on tutoie (quoique...).

Cas 2 : **Dans les transports en commun**

◗ Évitez : lorsque vous laissez votre place à une dame d'un âge respectable dans le bus, d'ajouter :
« *Tiens, ma chérie, mets-toi à l'aise.* » Ce serait superflu.

☛ Préférez :
« *Madame, je vous en prie, prenez mon siège.* »
(Généralement, l'ensemble du bus/wagon vous regarde avec un mélange d'agacement, de gêne et d'admiration, car tous auraient pu le faire mais ont laissé passer l'occasion d'une B.A.)

– Si elle vous répond :
« *Merci mon petit, tu es bien gentil, ta maman t'a bien élevé.* », c'est que le grand âge s'accompagne souvent de myopie.

– Si en revanche, répondant à votre offre courtoise, elle vous rembarre en ces termes :
« *Tu me prends pour une vieille, petit crétin ?* »
gardez votre calme, rétorquez :
« *Pardon, madame…* », puis reprenez votre place.

Cas 3 : Après l'amour

C'est une constante du cinéma : lorsqu'un couple a enfin commis le péché de chair, il se tutoie. Est-ce là une convention scénaristique ? Une règle implicite ? Difficile à dire.

Alors qu'ils se donnaient du « *Reprendrez-vous du champagne ?* », ils adoptent le « *Je te fais un café ?* » ; la veille : « *On va chez vous ou chez moi ?* », le lendemain : « *Il n'y a pas d'eau chaude dans ta p… de douche !* » Bizarre, bizarre…

Sachez qu'il n'y a aucune obligation. L'échange de fluide et le frottement des dermes n'imposent aucun changement de pronom personnel. On peut se tutoyer avant le coït et se vouvoyer au réveil. C'est peut-être ça l'audace extrême.

Cas 4 : Avec les enfants

Autre convention étrange : celle de tutoyer par principe tous les enfants.

Comme si on ne les prenait pas au sérieux. Rien n'est pourtant plus satisfaisant pour un enfant qui entre dans un magasin de se voir donner du « *Bonjour, mademoiselle* », du « *Que désirez vous, jeune homme* » ou du « *Au revoir, monsieur* », comme n'importe quel autre client.

Tout est mieux que l'inévitable et déplaisant « *Qu'est-ce que tu veux, ma puce?* » alors que vous avez déjà 17 ans et souffrez d'une puberté tardive.

Afin d'éviter toute humiliation involontaire, préférez donc toujours voussoyer les enfants, surtout lorsqu'ils sont seuls. Ils vous le rendront au centuple.

Cas 5: **À l'étranger**

Certains pays comme l'Espagne ou l'Italie ont le tutoiement presque automatique. Attendez toutefois qu'il vous soit proposé (généralement, ça vient vite). Car si votre interlocuteur est au fait de vos propres coutumes, il peut se faire un point d'honneur à ne pas vous embarrasser et à pratiquer le vouvoiement de principe. Chacun serait alors retranché dans ses préjugés et ne saurait s'en dépêtrer. Et voilà comment commencent les guerres!

Cas 6: Dans certains magasins

Attention à la nostalgie coloniale! Certaines personnes trouvent normal de tutoyer les vendeurs lorsqu'ils croient en identifier les origines africaines. C'est là un préjugé qu'il faut combattre.

▸ Évitez absolument:
« *Dis donc, tu me mets aussi une livre de dattes et une bouteille de boulaouane?* »

Le petit commerçant marocain en bas de chez vous n'est pas votre boy: inutile de le tutoyer et d'exiger qu'il vous appelle « *Sahib* ». Ce détail semble aller de soi mais vous seriez étonné d'apprendre combien de fois on le remarque chez des gens apparemment sensés et intelligents... Qu'on le célèbre ou le conteste, l'Empire français n'est plus.

3 règles d'or

Ne tutoyez pas à tout bout de champ et analysez (brièvement!) chaque occurrence. Tutoyer ne va pas de soi, c'est une marque de confiance, voire d'intimité.

N'ayez pas peur de vouvoyer. Cela n'a rien de hautain, c'est une forme de respect. N'en abusez pas pour autant.

Ne faites pas la navette entre les deux. Lorsque vous avez décidé de tutoyer, ne rétrogradez pas, c'est perturbant comme une voiture qui passe brutalement au 50 sur l'autoroute.

LE RESTAURANT

S'il n'est qu'une création du XIXe siècle, le restaurant n'en fait pas moins appel à un sentiment aussi vieux que l'homme et que nous désignons par le laid vocable de « convivialité ». Depuis les temps rupestres où nos ancêtres velus s'asseyaient face au bivouac pour déguster un mammouth, l'individu s'est toujours « socialisé » autour d'un aliment.

Phares de la gastronomie ou restauroutes, auberges médiévales ou fast-food, ces lieux de manducation jalonnent notre existence comme les stations du chemin de croix : apprenons à en exploiter les mille et un sens...

Le choix du lieu

Avant toute chose, il s'agit de savoir où vous allez manger ; et avec qui. Si notre monde moderne regorge de gargotes, elles ne s'accommodent pas à tous les goûts ni à toutes les bourses. Une fois de plus sont de rigueur le tact, la diplomatie mais aussi la fermeté.

Cas 1: **Vous invitez**

Ce cas est le plus coûteux mais le moins risqué.

➜ D'emblée, vous annoncez à votre (ou vos) ami(s) : « *Ça me ferait plaisir de vous (t') inviter, ça ne t'ennuie pas ?* » ou encore : « *Ce soir, tu es mon invité.* »

Généralement, cette annonce provoque des sourires soulagés (voix off : « *Ouf, je vais faire des économies* »), attendris : « *Ce type est vraiment gentil* »), voire soupçonneux (« *Aurait-il une idée derrière la tête ?* »).

Qu'importe, vous avez le beau rôle, assumez-le.

➜ Toutefois, n'en profitez pas de façon déraisonnée. Comme pour tout, la mesure est ici règle d'or.

➜ Certains esprits flambeurs aiment à « en jeter », oubliant qu'ils peuvent finir par embarrasser leur ami, qui passe d'invité à débiteur et se sent désagréablement en dette.

Pour remercier quelqu'un d'un menu service, évitez donc de lui sortir tout à trac :
« *Ben tiens : pour la peine, je t'emmène chez Robuchon !* »
S'il vous rétorque « *Robu... qui ?* », ne vous gaussez pas cruellement et faites prudemment marche arrière en corrigeant :
« *Rien, rien. Je voulais parler de la petite brasserie en bas de chez moi. Tu sais, le museau de bœuf vinaigrette...* »

➜ À l'inverse, soyez vous-même prudent, car d'aucuns profitent ouvertement du castel :
« *Oh ben je devais justement dîner avec X ou Y, ça ne t'ennuie pas qu'il se joigne à nous.* »
Certains n'hésiteront pas à sous-entendre que vous serez toujours l'« inviteur » : « *Tu verras : il ne mange presque rien…* » Ben tiens !

En ce cas, ne rabrouez pas l'indélicat et adoptez une grimace courtoise mais ferme :
« *Ah, mais j'aurais tellement voulu te voir en tête à tête. On a si rarement l'occasion de parler seul à seul, etc.* »

S'il insiste, vous pouvez toujours brusquement vous rappeler :
« *Ah mais c'est moi qui suis en dessous de tout : j'ai oublié que ce soir je vais au cinéma avec X – que bien entendu votre invité déteste – si on y allait tous ensemble ?* »

Ce qu'on appelle sauver les meubles.

EN TOUT ÉTAT DE CAUSE, ÉVITEZ : de laisser planer un doute jusqu'à l'addition (surtout si le restaurant est coûteux !). Certains aiment à jouer les Zorros qui surgissent au moment de la note, et la happent des mains du serveur. « *Je t'invite, bien entendu…* » Si le geste est chevaleresque, il arrive un peu tard.

Cas 2 : Vous êtes invité

Ici encore, la diplomatie est de rigueur.

➔ Si votre ami vous déclare :
« *Ça te dit d'aller manger un croque-madame au bar-tabac en bas de la maison ?* », vous êtes en droit de penser « *Il charrie, le bestiau !* » mais ne le montrez pas.

☛ Vous pouvez rétorquer avec humour, mais sans moquerie trop franche :
« *C'est parfait, j'en profiterai pour acheter des cigarettes et me laver les mains.* », ou simplement répondre :
« *Formidable ! Comme ça on finira tôt ; je n'ai pas dormi de la nuit et j'ai du sommeil à rattraper…* »

➔ Si au contraire il vous annonce :
« *Pour la peine, je t'emmène dîner à la Tour d'Argent* », évitez le toujours indélicat :
« *Eh ben, mon coco, tu ne te mouches pas du pied gauche !* » et réjouissez-vous sobrement :
« *C'est adorable de ta part… je ne peux qu'accepter.* »
Vous pouvez même ajouter, un rien tartufe :
« *Tu es sûr que tu veux m'emmener là ?* » (Le risque est de vous entendre répondre : « *Tu as raison, ce n'est pas raisonnable, allons chez Buffalo Grill.* »)
◗ Évitez également les légendes urbaines :
« *Il paraît que c'est une usine à touristes avec des rats dans les cuisines.* »
et jugez par vous-même… car c'est peut-être vrai !

Cas 3 : Vous vous partagez l'addition

➜ Choisissez à deux, sans vous sentir acculé ni forcer la main à votre ami. Ce n'est pas un combat de coqs. Si c'est un vieux camarade de pension que vous avez retrouvé vingt ans plus tard et dont la trajectoire n'est pas la vôtre (en mieux ou en pire), choisissez un lieu un peu neutre (vous n'êtes pas là pour vous taper la cloche mais parler de vos vies).

➜ Pendant le repas, si vous décelez quelques embarras chez votre ami (il réalise que la table est plus chère que prévu...), soyez discret mais courtois :
« *Finalement, ça me fait plaisir de t'inviter ; à charge de revanche ?* »

➜ Si au contraire vous êtes effrayé par ce que vous preniez pour un aimable bistrot de quartier et qui se révèle du racket pur et simple, jonglez avec l'ironie :
« *Ils nous prennent vraiment pour des milliardaires du Minnesota, ici…* »

L'arrivée au restaurant

D'une manière générale, il faut arriver dans un restaurant avec la même décontraction que si l'on arrivait chez des « particuliers ». Ces lieux ne sont pas des magasins. Le problème, c'est que bien souvent le personnel hésite entre la cautèle et l'agression, et qu'il faut se frayer un chemin entre ces deux extrêmes.

➜ En entrant, on évitera le « *bonjour!* » à la cantonade du type « *c'est ma tournée!* » et on cherchera du regard le premier serveur qui croisera le vôtre.
– *Monsieur?*
– *Bonjour, j'ai une table réservée au nom de Chauvier...*
– *Merci de me suivre...* »

➜ Durant le trajet entre l'entrée et votre table, il est tentant de scruter l'assiette des convives déjà en place. Préférez les regards en coin – aussi gourmands soient-ils – qu'interrompre vos voisins avec un :
« *Ça a l'air bon, c'est quoi?* »

➜ Si vous vous retrouvez dans la position contraire (un importun veut connaître votre plat), répondez aussi brièvement que possible : « *Un risotto aux asperges.* » Puis détournez ostensiblement le regard. Généralement, l'intrus s'éloigne.

Si l'envie vous en prend, vous êtes même en droit de répondre avec un sourire acide : « C'est le jarret de ma grand-mère, on l'a enterrée ce matin… »

La table

Cas 1 : **Elle ne vous plaît pas**

N'hésitez pas à le dire.
« *Je suis désolé, mais on est en plein courant d'air. Serait-il possible de laisser la porte fermée ou de décaler la table ?* »

À cette question, vous vous entendrez souvent répondre : « *Ah ben ça va pas être possible !* »

Vous avez alors plusieurs options :

☛ Insistant (mais néanmoins souriant) :
« *Allons, vous n'allez pas me dire que vous ne pouvez faire un petit effort.* »

☛ Plaisantin :
« *Vous voulez vraiment qu'on appelle SOS Médecins entre la poire et le fromage ?* »

☛ Définitif :
« *Dans ce cas-là au revoir.* » Et vous partez.

N'HÉSITEZ PAS : à lever le camp si le service est d'emblée déplaisant. Les serveurs (surtout en France) ont tellement l'habitude que les gens aient peur d'eux. Mais surtout partez avant d'avoir consommé quoi que ce soit.

Cas 2 : Les voisins sont incommodants

La situation est plus compliquée que la précédente, car elle n'est plus entre vous et le restaurant mais implique le rôle d'un tiers. Le serveur a pour devoir de rester impartial et ne pas favoriser un client au détriment d'un autre.

Vous pouvez :

➔ Avertir le serveur :
« *Je suis désolé, mais je crois que nos voisins ont oublié qu'ils n'étaient pas chez eux.* »/
« *Ça vous embêterait de prévenir la table d'à côté qu'il y a d'autres gens dans* **leur** *salle à manger ?* »

➔ Parler vous-même aux voisins : (et tenter d'adopter une forme d'humour à froid, qui désarme tout en imposant) :
« *Je suis confus, mais votre chien semble amoureux de mon mollet droit.* »/
« *Je pense que tout le restaurant connaît maintenant vos problèmes de couple ; vous n'auriez pas un sujet de conférence plus joyeux ?* »/
« *Pardon mais vous pourriez parler un peu moins fort, s'il vous plaît ?* »/
« *Et alors, qu'est-ce que votre femme a fait quand elle vous a trouvé dans le lit de sa meilleure amie ?* »

Dans le cas où vos voisins manquent d'hygiène, la chose est encore plus délicate. Il convient de manier la nuance et l'ellipse... mais il est impossible de ne pas sembler désagréable.

◗ En tout état de cause, évitez :

« *Je tenais à vous remercier, grâce à vous je dîne au zoo.* »

Le menu

Si vous êtes invité, lorsqu'arrive le menu, n'ouvrez pas des yeux de hulotte en vous extasiant :
« *Figure-toi que je n'ai jamais mangé de truffes blanches de ma vie !* » ; ou encore :
« *Oh, j'ai toujours rêvé de boire du pétrus.* »

La chose est peut-être vraie, mais elle peut d'emblée virer à la prise d'otage. Le vis-à-vis astucieux devra d'ailleurs jouer sur la corde sensible entre l'humour et la fermeté :

☛ Honnête :
« *Moi non plus, j'ai toujours trouvé ça trop cher.* »

☛ Méprisant :
« *Franchement, le pétrus est très surestimé et c'est un vin pour Japonais. Je voudrais plutôt te faire découvrir ce petit vin du Languedoc qu'on ne trouve qu'ici… Il ne paie pas de mine mais réserve de vraies surprises.* »

☛ Averti :
« *Cette année, les truffes blanches sont médiocres : elles ont été ravagées par le mildiou…* » (Vous pouvez essayer toute autre maladie, votre invité n'y verra que du feu ; évitez toutefois l'hépatite B. ou la mucoviscidose.)

La nourriture

Rappelez-vous toujours qu'un restaurant a pour mission de vous *restaurer*, c'est-à-dire de vous rendre vos facultés.

➔ Il est donc essentiel de signaler tout problème, et de ne pas les enfouir sous une timidité mal placée. C'est à vous et au chef que vous rendez service, lorsque vous pointez un défaut. Sinon, par votre laxisme, vous vous rendez complice d'un crime contre la gourmandise ; ce qui serait bien sot.

➔ Il va de soi que toute remarque s'accompagne d'un sourire et qu'elle est dénuée d'agressivité (sauf si vous trouvez un clou dans votre macaron ou un mégot dans vos frites[1]).

Cas 1 : **Ce n'est pas assez chaud**

☛ Factuel :
« *S'il vous plaît, vous pourriez me le réchauffer un peu ?* »

☛ Médical :
« *Je crois que mon plat risque de s'enrhumer ; vous pourriez lui redonner un coup de chaud ?...* »

1. Avanies arrivées à l'auteur de ce livre ainsi qu'à sa grand-mère...

☛ Comparatif:
« *Pardon mais j'avais commandé un poisson, pas un sorbet.* »

Cas 2: Ce n'est pas assez cuit ou trop cuit

☛ Factuel:
« *S'il vous plaît, pourriez-vous me le remettre deux minutes au four/ à la poêle?* »

☛ Alternatif:
« *Je sais que vous allez me proposer un autre couteau mais je préférerais une autre bavette…* »

Cas 3: Ce n'est pas frais ou carrément pas bon

Dans ce cas extrême, nous touchons une fois de plus au crime contre la gourmandise et il n'y a pas grand-chose à faire pour sauver le repas...

➔ Si le goût est révulsant, vous pouvez fort bien renvoyer le plat en cuisine et en demander un autre (« *Je crois que ce poisson a un problème… je peux en essayer un autre?* »).

➔ Si la seconde mouture est d'un même infâme, il ne vous reste qu'à être patient. Impossible de quitter la table sans payer (cela se nomme de la « filouterie alimentaire »). De même, il n'est jamais idéal de faire un esclandre.

Le mieux est de ronger votre frein jusqu'à la fin du repas, en notant dans un coin de votre tête tout ce qui cloche.

➜ À l'heure de l'addition, vous pouvez faire venir le chef et lui proposer la « critique » du repas.

➜ Si vous ne vous en sentez pas le courage (la chose est entendue que les cuisiniers ont le sang chaud), vous pouvez glisser une carte sous l'addition où vous aurez consigné – avec mesure, si possible ! – les innombrables avanies de votre soirée.
Quittant les lieux, vous aurez presque le sentiment d'avoir commis une bonne action.

➜ Si toutefois vous n'aviez pas le temps de rédiger ces quelques mots, n'hésitez pas à déconseiller les lieux à vos proches, voire à écrire un mot aux guides gastronomiques, en en faisant courtoisement copie au chef...

Cas 4 : Le vin est bouchonné

Cela arrive plus souvent qu'on ne le croit (encore faut-il le déceler, car beaucoup vident la bouteille sans s'en rendre compte).

Première règle : ne surtout pas boire la bouteille et faire aussitôt signe au serveur ou au sommelier.

- Évitez :

« *Il est imbuvable, votre vin.* »

◗ Évitez encore plus :
« *C'est pas du pétrus, c'est de la Villageoise !* »

☛ Préférez :
« *Je suis désolé mais je crois que la bouteille est bouchonnée.* » (Le serveur ayant pour règle de ne pas contredire son client, il est rare qu'il réponde : « *Monsieur/madame, vous avez tort, ce vin est délicieux…* »)

L'addition

Si vous vous êtes entendus à l'orée du repas, tout va bien. Mais il peut parfois y avoir quelques menus accidents. Voyons maintenant comment les gérer...

Cas 1 : Votre ami n'a pas son portefeuille

Il devait vous inviter et s'aperçoit qu'il est sans argent.

☛ Qu'il soit de bonne ou de mauvaise foi, gardez votre calme (et votre élégance !)
« *Tout va bien : tu m'inviteras la prochaine fois.* »

☛ Si cette situation est une constante, vous pouvez faire une remarque en demi-teinte :
« *Tu n'as vraiment pas de chance : la dernière fois tu l'avais oublié chez ta mère, la fois précédente on te l'avait volé.* »

➔ Bilan des courses : à l'avenir, vous ne vous ferez plus avoir !

Cas 2 : Vous n'avez pas votre portefeuille...

Contrairement à votre ami, n'inventez pas des scénarios rocambolesques pour expliquer un problème aussi simple (que la chose soit vraie... ou non ; ce guide part du principe de votre bonne foi). En un mot : soyez franc, honnête, et évitez la componction ou l'autoflagellation.

◗ Évitez :
« *Je suis en dessous de tout, je suis vraiment nul, je suis le dernier des c…, tu ne peux pas savoir à quel point j'ai honte, je me sens si minable devant toi…* »

☛ Préférez :
« *Bon, je ne vais pas te mentir et te la faire courte : j'ai laissé mon portefeuille à la maison.* »

Cas 3 : Vous êtes tous les deux sans argent

Tout est alors question d'attitude.

➔ Si vous êtes familiers du lieu, faites venir le patron (n'entraînez pas le malheureux serveur dans votre bérézina) et soyez aussi simple que possible :
« *Vous savez que nous sommes honnêtes, c'est pourquoi nous allons être francs…* »

➔ S'il réagit mal, promettez de revenir le lendemain à la première heure en laissant quelque chose en gage :
« *C'est une bague qui me vient de ma grand-mère !* »

➔ S'il n'y a rien à faire, préparez-vous à une douce nuit de vaisselle ; ça n'a jamais tué personne…

3 règles d'or

La discrétion. Cette qualité n'est pas au monde la mieux partagée; raison de plus pour en donner le fier exemple. Comme les transports en commun, le restaurant est un lieu collectif où l'on attend encore plus de calme que dans le métro. Ne parlez pas à tort et à travers, ne soyez pas non plus pétrifié par l'endroit au point de fixer vos haricots avec une obstination de moine en prière. Discrétion n'est pas mutisme.

La patience. Règle de base, certes, mais on l'oublie parfois. Si un plat traîne, signalez-le mais sans aigreur.

La gourmandise. On dit qu'elle est un péché. Le péché serait de s'attabler sans goût pour la chère: un vrai crime.

SORTIR

À bien y réfléchir, C'est quand-même très fort et...
Absolument
Ah bon !!!
CINEM

Vous sortez du spectacle et il fait encore doux. Ah, cette fraîcheur de printemps qui musarde dans les rues ! Ces terrasses de cafés où tout bruisse et trinque ; ce soir, l'humanité a le sourire aux lèvres et la chose est si rare ! Vous n'y prêtez pourtant qu'une attention distraite. En vous, le sourire est intérieur : sincère ou ironique, il est caché, car votre attention est encore happée. Des amis vous ont entraîné voir un film inattendu, une pièce de théâtre surprenante, un opéra bouleversant, une exposition singulière... Et vous voilà tourneboulé ! Que la chose vous ait enchanté ou hérissé, qu'importe : vous l'avez vue. Votre cervelle est en pleine ébullition tant les sensations vous assaillent.

Soyez franc : au départ, vous étiez réticent :
« *Naaan, je sais paaaas…* »
Mais à l'heure de quitter les lieux, vos amis doivent vous traîner vers la sortie, planté que vous êtes dans votre fauteuil ou devant une toile.

Et voilà que vous retouchez terre. La rue, les voitures, l'asphalte : bienvenue dans le monde réel ! La dernière chose dont vous ayez envie : étaler vos impressions.

Hélas, vos amis ne l'entendent pas ainsi.
« *Bon, on prend un café pour en parler ?* »
« *Mais qu'est-ce qui t'a tant fasciné ?* »

Vous ne pouvez plus fuir : à vous de jouer !
Désormais, tout est question *de mots*...

Donner son avis

Cas 1 : **Vous n'en avez pas envie**

C'est votre droit, mais désolé : il est trop tard pour reculer. Un conseil d'ami : ne vous laissez pas trop prier, car plus vous faites traîner votre réponse, plus vos auditeurs brûleront de la connaître (réflexe bien humain : tout désir étant fondé sur l'attente ; le sexe n'est qu'un exemple parmi tant d'autres). Meilleure solution : prenez votre ennui à deux mains pour lancer un avis lapidaire, abrupt, définitif... et sans appel !

☛ Jugement positif:
« *Voici une œuvre parfaite, incontestable et imparable. Ne pas l'admettre est un péché contre l'humain.* »

☛ Jugement négatif:
« *Ce film ne brillait que par ses défauts: scénario creux, dialogues abscons, comédiens amateurs, réalisation inexistante. Bref: deux heures de perdues.* »

Et toc! Intimidés, les autres hausseront les épaules et passeront au suivant. Vous pourrez alors retourner dans votre coquille et nul ne cherchera plus à vous convaincre du contraire.

Cas 2: **Vous avez peur de paraître idiot**

C'est précisément ça qui est idiot! Si la sottise est la qualité humaine la mieux partagée, cela ne signifie pas que vous en soyez pourvu. (En tous les cas persuadez-vous-en, c'est toujours ça pris à l'ennemi.)

➔ La disculpation (risqué et filandreux, car vous vous abritez derrière vos hésitations):
« *Bon, les amis, je sais que ça va vous paraître idiot, que vous allez me prendre pour un demeuré, que vous allez changer de trottoir, mais, à bien y réfléchir, si je suis honnête avec moi-même, je crois qu'au bout du compte, j'aurais tendance à penser que…* »

➔ La fermeté (coup de massue plus efficace) :
« *Ne hurlez pas : ce film est un étron !* »

Cas 3 : **Vous avez peur d'être jugé**

Crainte naturelle mais de bonne guerre. Juger et être jugé, on en est tous là. Règle d'or : les absents comme les muets ont toujours tort. Donc sautez, le risque est minime : vous ne tomberez jamais plus bas que vos propres pieds !

Vous n'y connaissez rien ? Et alors ?! Faites confiance à votre bon sens et évitez le prisme d'une interprétation fabriquée. Vous êtes familier de *Camping* et l'on vous a entraîné voir *Nostalghia* de Tarkovski. Ne jouez pas les carpes et dites ce que vous en avez pensé, fût-ce du mal.

Cas 4 : **Vous avez peur du conflit**

Ça aussi, c'est naturel... et ça se travaille. Tout d'abord, ne soyez pas effrayé par la controverse. Sans conflit, sans friction, on ronronne ! Si nos aînés des âges rupestres n'avaient pas frotté des silex, nulle étincelle pour les mammouths. Et on en serait encore à jouer aux osselets dans le gouffre de Padirac. Alors qu'un bon débat, une jolie prise de bec : voilà qui aère l'esprit. Rappelez-vous surtout que ne pas être d'accord n'est ni une agression, ni une trahison.

Vous n'*imposez pas* une opinion, vous la *déposez* – humblement? violemment? à vous de voir! – aux pieds de votre contradicteur. Qu'il adhère ou renâcle, tant mieux ou tant pis. Vous serez resté fidèle à vos opinions: honnêteté bien partagée commence par soi-même.

Évitez les attaques frontales: approuvez... puis contrez.

- Ne dites pas: « *Tu as tort.* »
- Dites: « *Je te comprends, mais…* »

Esquiver

Il est pourtant des cas où l'esquive relève de la survie sociale.

Cas 1: **La blessure intime**

Le film a révulsé votre ami. Il s'agissait d'une comédie burlesque sur les camps de concentration, où toute sa famille est morte soixante ans plus tôt.
Difficile de dire: « *Poilant le film, non?* »
Ou pire: « *C'est si drôle qu'on s'y croirait!* »
Préférez un prudemment hypocrite:
« *On ne peut pas rire de tout…* »
le sourire concerné, le regard apitoyé. Et si vous retournez voir le film, n'en tirez aucune vanité.

Cas 2 : La blessure d'orgueil

L'exposition que vous venez d'arpenter est celle d'un ami cher. Vous vous connaissez depuis le lycée. Si sa piété ne vous était pas inconnue, il vous avait toujours caché ses talents de sculpteur sur viande.

Dans une grande galerie frigorifique (pour tenir les deux semaines d'exposition, la viande se conserve à -2 °C) vous avez découvert un crucifix en gigot (1 700 €), un saint Sébastien en rognon (2 300 €) et une madone en tripoux (650 € : une affaire !)

Qui plus est, ayant mal lu l'invitation, vous aviez oublié moufles et *moon-boots*. Vous en êtes quitte pour un rhume !

Vous alliez filer à l'Albion mais voilà ti pas que, grog en main et bouche en cœur, votre ami vous assaille, l'œil humide, inquiet et gourmand :
« *Toi qui me connais mieux que quiconque, dis-moi franchement ce que tu en penses…* »

Et là : c'est la tuile. Vous balbutiez, verdissez, blêmissez. Un mot de travers et trente ans d'amitié volent en éclats. C'est pourquoi ayez toujours en soute quelques formules tout-terrain (l'idéal est de les noter dans un carnet).

☛ Blessé :
« *Je suis ton plus vieux pote et tu m'avais toujours caché ça?!* »

☛ Prudent :
« *C'est incroyablement... intéressant !* »

☛ Enthousiaste :
« *Quel boulot ! Moi, je n'aurais jamais ta patience...* »

☛ Détaché :
« *Ce n'est pas mon univers... mais ça fait un sacré effet.* »

☛ Concerné :
« *Et tu cuis ça comment ?* »

Vous avez plein de choses à dire

Ça aussi, ça arrive ! L'exposition ou le spectacle a fait naître en vous des flots de sentiments et d'impressions que vous brûlez de partager avec vos amis. Toutefois, n'oubliez jamais un détail de poids : votre opinion n'est pas une soutenance de thèse ! Ne noyez pas vos interlocuteurs : laissez-leur la possibilité de contrer.

Entre chaque argument, laissez un blanc, une ouverture. Des *chevilles* telles que :
« *Tu ne trouves pas ?* »
« *Tu ne crois pas ?* »
« *Qu'en penses-tu ?* »
doivent émailler votre exposé.

Ce dernier est telle une entrecôte : fade si monochrome ; goûteux si persillé. Si vous vous laissez enivrer par un tourbillon d'exemples et d'idées qui n'intéresseront que vous, vous serez saoul... et seul.

Vous n'avez pas d'avis

Si la chose est rare (en creusant cervelle et sensations, on trouve toujours quelque chose à dire), elle arrive.

Tout le monde peut rester sans voix devant un film, aphone devant une toile, inerte devant une pièce de théâtre. Un mur! Rien ne vous a touché et vous avez traversé ces œuvres avec le même ennui détaché que le *Passe-Muraille* quittant sa prison. Une fois de plus: n'en faites pas un complexe. Et surtout: ne vous inventez pas une opinion de circonstance. Ce serait l'écueil qui vous trahirait (et là, vous passeriez pour sot!)

Osez dire:
« *Moi, ça me laisse froid* »,
« *Ça ne me touche pas* »,
« *Ça m'est indifférent* »,
ou le toujours commode:
« *Ça n'est pas mon univers…* »
Généralement, la franchise est payante.

Évitez le consensus mou, ou la critique floue:

Faites des analogies, actionnez votre machine à comparer, expliquez ce que ça a remué en vous, tout ce qui est remonté.

3 règles d'or

Oubliez vos complexes. Que vous vous y connaissiez ou non, que vous soyez en accord ou non, que vous ayez aimé ou non : vous n'êtes pas débile ! Hors cas contraire, soyez honnête et sincère. vous avez droit d'avoir un avis juste et sensible, le bon sens et l'intuition sont vos atouts.

Développez, argumentez, nuancez. Si vous avez aimé, ne vous limitez pas à l'horripilant « *C'était sympa…* ». Si vous n'avez pas aimé, évitez l'incontournable « *C'était nul…* ». Notre langue dispose d'un vivier lexical suffisamment allèchant pour ne pas se contraindre à des adjectifs généraux et restrictifs.

Positif : beau, ravissant, somptueux, exquis, délicieux, revigorant, gouleyant, enthousiasmant, délassant...

Négatif : raté, médiocre, décevant, navrant, piteux, gênant, embarrassant, horripilant...

Votre avis n'est pas le seul. Ce n'est pas un duel à mort : vous avez le droit d'admettre que vous avez tort, ou que votre adversaire a *aussi* raison.

EN VOYAGE

Voici mon billet, mon pass W-E, ma carte famille nombreuse, mon...
Et la carte Vermeille c'est pour quand ?

À l'ère d'Internet, du TGV, des voyages spatiaux, de la logistique galopante, tout est question de transport. Toutefois, nous sommes loin de la balade solitaire et rousseauiste en plein sous-bois.

Aujourd'hui, se déplacer est un acte social où l'on est toujours en butte à l'altérité. Pour parler simple : *on ne bouge jamais seul.* Avions, trains, métros, embouteillages, trottoirs surpeuplés, il faut à chaque instant composer avec nos contemporains qui ont tous – démocratie oblige – les mêmes droits que nous. Ils ont aussi les mêmes devoirs, ce que d'aucuns ont tendance à oublier.

On ne déboule pas dans un wagon de Corail comme le taureau jaillit dans l'arène. De même, un voyage en avion ne doit pas être un parcours du combattant dont on ressort lessivé, humilié et misanthrope. La misanthropie, voilà le grand danger ! Être logé à la même enseigne logistique pousse facilement à la haine globale, tant chacun oublie qu'il n'est pas seul au monde. Chacun avance avec ses certitudes, ses rages, ses préjugés, considérant par principe son voisin immédiat comme une menace.

Ce penchant bien naturel et désespérément humain peut être endigué par la patience, l'écoute et la parole : nous allons voir comment. Que vous soyez en route pour le travail au petit matin blême, dans l'avion pour un week-end en amoureux (clandestin ou non) ou dans le TGV pour les grandes vacances, escorté de votre famille, voici quelques outils de base, aussi commodes qu'un couteau suisse. En route !

Ne pas oublier

Le transport public est par essence et définition un lieu *que vous ne pouvez privatiser.* Nous rêvons tous aux lits tractés des Mérovingiens ou aux douillettes chambres d'Air Force 1.

Ne nous leurrons pas : sauf preuve du contraire, nous ne sommes ni roi fainéant, ni leader du monde libre. Il faut donc composer avec la fatalité moderne et admettre que les autres sont comme nous-mêmes : des **u-sa-gers**.

Le personnel de bord

Le Français est esclave d'une vieille lune selon laquelle un uniforme est forcément là pour nous soupçonner et nous sanctionner. *CRS SS, Fuck the Police*, tout ça on connaît !

Imaginez-les pourtant en train de se laver les dents un soir d'eczéma, et ces figures d'autorité perdront tout leur pouvoir. Surtout, ils ne sont en rien des censeurs.

C'est pourquoi la première des choses est d'avoir à leur endroit un comportement normal. Il n'est pas là question de courtoisie ou de bonne manière, mais de simple civisme. Le bon sens social, en fin de compte.

Cas 1 : **Le bus**

Vous sautez dans un bus un jour de pluie. Le véhicule est surpeuplé et l'humanité sent le chien mouillé. Au moment de valider votre coupon, forcez-vous à fixer le conducteur dans les yeux et à lancer un « *Bonjour!* » franc et plutôt sonore. Il se peut que l'appariteur vous scrute comme un martien, tant il est habitué aux regards fuyants et aux silences hostiles. Ce n'est pas une raison ! Surtout, vos voisins moutonniers se sentiront obligés de faire de même et, en quelques minutes, le chauffeur aura retrouvé un semblant de sourire.

Il se peut même que ce sauna urbain perde de son âcreté ! Certes, un scooter imbécile engagé dans le couloir de bus ruinera vite cette bonhomie ; mais, par temps de pluie, tout rayon de soleil est le bienvenu.

Cas 2 : **Le train**

Pour la *vox populi*, les contrôleurs de train font partie d'une grande famille incluant les huissiers de justice, les employés du fisc, les douaniers et les pigeons de ville : une race nuisible. Une fois de plus le préjugé est réducteur. Sous l'uniforme bat un cœur comme les autres, avec ses joies et ses peines.

➔ Bref : un peu de pitié, que diable ! Lorsqu'il arrive pour vous contrôler, ne prenez pas cet air coupable que vous aviez pour annoncer à vos parents une mauvaise note. Car il en est des contrôleurs comme des chiens de garde : s'ils sentent la peur, ils mordent. L'angoisse infondée appelle le soupçon.

Une fois de plus, optez pour un « *Bonjour* » jovial et un sourire (bien dressé, tout contrôleur se doit d'y répondre). Lorsqu'il vous demande vos justificatifs de réductions, évitez de lever les yeux au ciel comme s'il vous empruntait 2000 € ou vous ôtait l'appendice sans anesthésie. Dites : « *Bien sûr* », tendez-lui l'objet et passez muscade.

☛ Dans le cas où vous avez dû sauter dans le train vingt secondes avant le coup de sifflet, il est recommandé de se présenter au contrôleur pour acquérir son titre de transport. Vous pouvez évidemment vous enfermer dans les toilettes; mais pour peu que vous fassiez Paris-Nice, le charme olfactif de ces lieux est bref (et puis tout contrôleur a un passe-partout).

➔ Bref: foncez voir Monsieur Train et soyez clair sans vous aplatir.

Évitez les:
« *Monsieur le contrôleur, je suis atrocement confus, je ne sais plus où me mettre, si vous saviez combien je me sens coupable d'avoir eu l'impudence abjecte de gravir les marches de ce train sans avoir au préalable, etc.* »

Non, non, non!

Ne cherchez pas non plus à vous justifier, du style: « *Figurez-vous que ma belle-mère n'a pas voulu partir sans acheter le* Elle Déco *et qu'ils ne l'avaient plus au* Relay *de la Gare. Il a fallu aller de l'autre côté de la place. C'est à ce moment qu'une mouette géante s'est écrasée contre le pare-brise d'un douze tonnes qui a versé son contenu (trente hectolitres d'huile de noix, vous vous rendez compte?!) sur la chaussée. Non content de traverser une patinoire, nous avons dû...* »

Non plus! Tout ce que veut le contrôleur, c'est vous vendre un billet et retourner poinçonner (car telle est sa vie).
☛ Soyez bref:
« *J'ai failli rater mon train; combien vous dois-je pour trois billets de seconde?* »

Et ne vous confondez pas non plus en remerciements: ce monsieur applique la consigne, point barre!

Cas 3: **Dans l'avion**

Que vous voyagiez en seconde ou *a fortiori* en première, hôtesses et stewards ne sont ni des domestiques qui passent les plats, ni des barmen qui offrent du champagne. Ce ne sont pas non plus des mannequins qu'on peut tripoter à loisir (vous avez vu trop de porno soft des années 1970).

Dans l'éventualité (« peu probable », disent-ils sans ironie) d'un atterrissage en mer, ce sont ces mêmes serveurs qui vous aideront à sauter dans les bateaux flottants et à repousser les requins. Ne les sous-estimez donc pas (la plupart sont d'ailleurs mieux payés que vous : et toc !).

S'il vous faut du rab de cet abominable coteau du Languedoc en quart de litre plastifié, évitez de claquer du doigt (ça, c'est la base). Évitez également de leur dire à quel point le poulet reconstitué aux légumes mous est mauvais. Ils le savent aussi bien que vous.

- Bref : soyez normaux. 10 000 pieds d'altitude ne vous offrent ni droit ni privilège.

Les autres

Plus que le personnel de bord, ils sont le vrai problème. Nous parlerons plutôt d'écueil, car ils représentent un obstacle incontournable pour qui veut voyager par les moyens modernes.

N'oubliez jamais que vous n'êtes ni ennemis ni concurrents, mais partageurs et équitables (ouais, ouais : c'est dur à admettre !).

Cas 1: **La musique**

Que vous soyez dans le train, le bus, le métro, l'avion... il est une plaie grandissante : la musique des autres.

Il est huit heures et demie du matin, vous êtes écrasé au fond d'un wagon de métro et votre voisin immédiat (c'est-à-dire collé contre votre cuisse) écoute son *I-Pod*. Vous vous dites que ses tympans doivent ressembler à Ceylan après le tsunami tant les rythmes syncopés de cette techno abjecte résonnent dans le wagon. Sans compter que l'« auditeur » accompagne son écoute d'un petit mouvement du bassin qui encastre les bords de son *djembé* dans votre estomac.

➔ Que faire?

L'étrangler n'est pas une solution. Lui arracher les écouteurs et les piétiner seraient une tout aussi mauvaise réaction.

Vous pouvez également vous contenter de le scruter avec haine sans mot dire, mais ça ne sert généralement à rien.

☛ Non verbal : tapotez-lui sur l'épaule et mimez une main qui baisse le volume d'une chaîne hifi. (Il peut vous répondre par un doigt d'honneur; en ce cas faites-vous une raison et réjouissez-vous de sa surdité précoce.)

☛ Verbal : (il va de soi que le ton adopté est conciliant et s'accompagne d'un sourire)

☛ Factuel :
« *Monsieur, vous pourriez baisser, s'il vous plaît ? C'est très pénible.* »

☛ Englobant :
« *Monsieur, tout le wagon profite de votre musique. Ça vous ennuierait de baisser, svp ?* »

☛ Concerné :
« *Monsieur, je ne veux pas vous effrayer mais vous risquez vraiment de détruire vos tympans.* »

☛ Médical :
« *Monsieur, savez-vous que – selon les dernières recherches acoustiques – au-delà de cent décibels les sonorités d'un baladeur peuvent avoir des conséquences irrémédiables sur votre sens auditif ?* »

Cas 1-bis : **Siffler-Chanter**

On doit aussi citer le cas des gens qui sifflent ou fredonnent. Bien sûr, on a envie de les éventrer, mais – rappelons-nous Gandhi – la violence n'est jamais une solution. Souvent, ce sont des êtres perdus dans leurs pensées qui ont oublié où ils étaient.

☛ Traitez-les comme des ronfleurs :
« *Excusez-moi, mais je crois que vous sifflez/ chantez* », à la façon dont on fait remarquer un problème technique (« *Excusez-moi mais je crois que votre portière est mal fermée* »).

☛ Pour ne pas embarrasser inutilement le musicien en herbe, vous pouvez ajouter :
« *D'ailleurs vous avez une très belle voix; vous faites du chant?* »/
« *D'ailleurs vous sifflez comme Micheline Dax.* »

Le risque (très faible) est alors de vous entendre répondre :
« *Mais je suis chanteur/ siffleur professionnel…* »
et de devoir supporter un concert.

Dans ce cas-là, armez-vous de patience et mettez vite fin au massacre en décrétant :
« *C'est bouleversant mais trop de beauté tue !* »
Généralement, ça plaît !

Cas 1-ter : Le téléphone

Plaie des transports publics, les téléphones portables nous permettent de vivre en direct la vie privée d'inconnus qu'on serait enchanté de ne jamais connaître.

« *Chérie, j'ai oublié mon déodorant !* »,
« *Maman, je voulais te dire, j'ai eu cinq en maths* »,
« *Papa, n'oublie pas de prendre ton chapeau : il pleut !* »,
« *Mon amour, prends comme d'habitude la chambre 8, ma femme croit que je suis en séminaire à Loudun…* »

Les réactions attendues sont globalement les mêmes que pour les auditeurs de *I-Pod*. À cela près que vous pouvez ajouter, avec ironie :

« *Nous sommes tous passionnés par votre conversation mais…* »

Cas 2 : Les enfants

Ah, les enfants ! Généralement, le cas est complexe. Les vôtres sont des anges, ceux des autres des démons...

Que vous soyez en avion, bus ou dans le métro, vous êtes tranquillement en train de lire quand une jeune femme s'assied à côté de vous, hérissée de trois moutards hurlants, hystériques, la narine moite et le cheveu gras.

La première réaction est bien sûr de fuir, mais la chose est parfois impossible.

➜ PREMIÈRE ÉTAPE :
souriez à la dame; généralement, elle y répond et s'arrange pour que ses enfants se calment. (**Danger** : Si elle lit un regard haineux, elle risque d'en profiter pour éplucher une banane ou ouvrir une boîte de thon.)

➜ SECONDE ÉTAPE :
faites-lui des compliments sur les enfants. « *Ils sont vraiment très beaux* » (Évitez d'ajouter : « *Ils ressemblent beaucoup à leur père, non ?* »)

Intéressez-vous, posez des questions aux petits, faites mine d'être concerné. « *Tu es en quelle classe ? Tu en as une jolie robe ! Et ton doudou, il s'appelle comment ?* »

La mère se sentira responsabilisée et s'efforcera de dompter ses monstres. En bonne logique, elle finira par dire aux enfants :
« *Bon, laissez cette dame tranquille, vous voyez bien qu'elle lit !* »

Et vous en serez quitte pour la grande paix.

➜ TROISIÈME ÉTAPE :
si les enfants sont de vrais monstres, il faut aussi le dire.

Essayez d'abord de vous adresser directement aux bambins. Souvent, un chut accompagné de sourcils froncés peut suffire. Mais s'ils s'obstinent, il vous faudra monter au front et attaquer les parents.

☛ Classique :
« *Madame, vous n'êtes pas toute seule dans ce wagon. Votre fils pourrait-il arrêter de manger mon sac ?* »

☛ Culpabilisateur :
« *Tout le monde en profite, vous savez ?* »

☛ Conciliant :
« *Madame, je sais ce que c'est… le mien a 18 mois, mais je connais un truc imparable : la tétine…* »

☛ Ou encore plus subtil :
« *J'ai longtemps été très opposé à la tétine mais l'expérience m'a prouvé que…* »

◗ Évitez :
« *Généralement, ma voisine noie toutes les portées dans ses toilettes. Pas vous ?* »

☛ Osez dire :
« *Hitler et Staline aussi, ont commencé petit.* » (Mais attention aux représailles !)

Cas 2 bis : **Les animaux**

Les enfants et les animaux ont beaucoup en commun (si ce n'est que – généralement – les animaux sont plus sages, plus propres et mieux dressés). Les trois étapes précédentes s'adaptent donc au cas des animaux.

Cas divers

Vous êtes malade, enceinte, estropié, mutilé, plâtré, affublé d'une poussette : n'ayez pas peur de réclamer votre dû. Ne le faites pourtant pas avec l'agressivité revendicative d'un vétéran aigri.

◗ Évitez :
« *Au cas où vous ne l'auriez pas remarqué, cette place m'est réservée !* »

☛ Préférez :
Être souriant et ferme.
« *Excusez-moi mais je sentirais moins les coups du bébé si je m'asseyais là… d'ailleurs* – désignez, toujours en souriant, le sigle au-dessus du strapontin – *Je crois que cette place est parfaite dans mon état…* »

De même, si vous voyez qu'un passager pourrait céder sa place, n'hésitez pas à le dire avec cette même bonhomie imparable.
« *Allons monsieur, si vous étiez vous-même unijambiste, vous seriez enchanté que l'on vous offrît un siège, n'est-ce pas ?* »

3 règles d'or

Évitez : les regards haineux et au bout du compte toujours humiliants ; les invectives marmonnées ; les grossièretés ; de battre le gêneur sur son propre terrain...

Préférez : (avec sourire et fermeté)
« *Oui, je comprends...*
« *Je sais que le voyage est long... MAIS...* »
Ne jamais s'excuser mais toujours admettre que la situation n'est pas facile...

N'oubliez jamais : de sourire ; ça fait passer toutes les pilules !

EN TAXI

Réussir un voyage en taxi est à peu près aussi sûr que de tenter la roulette russe. En tous cas, les taxis sont une bonne manière de prendre la température d'un pays lorsqu'on y arrive. Jovial ou silencieux, bavard ou amorphe, souriant ou lymphatique, le chauffeur de taxi incarne à sa façon l'inconscient d'un lieu... donc le nôtre. Ces voyages n'ont pourtant rien de narcissique et il ne faut jamais oublier qu'en taxi, on est toujours au moins deux. Mode d'emploi...

Appeler un taxi

Cas 1: **Par téléphone**

➔ Ne vous énervez pas si l'on vous dit : « *une Mercedes grise sera là dans 7 à 8 mn* » et qu'elle soit déjà là depuis 5 mn, un bon chiffre au compteur.

Gardez également votre calme si elle ne vient jamais, et qu'un autre client vous l'a chipée.

Cas 2 : **Dans la rue**

Le vocable « *taxi* » est le mot le plus international qui soit. Nulle part ailleurs ces voitures disposant d'un « taximètre » ne portent un nom différent. L'apocope étant admise, inutile de crier « *taxi!!!* » dans la rue lorsque vous en voyez un. Ils le savent bien, qu'ils sont taxis...

Quand bien même, inutile de vous époumoner : branché sur RMC ou Radio Latina, le chauffeur ne vous entend presque jamais. En revanche, tendez la main et placez-vous à moitié sur la chaussée (dans la limite du raisonnable, s'entend) et tentez de fixer le regard du chauffeur.

L'entrée dans le taxi

➜ Si vous voulez voyager dans des conditions à peu près convenables, dès que vous entrez dans le taxi lancez un « *Bonjour!* » jovial, voire excessif.

➜ Si vous n'êtes pas sûr du sexe du chauffeur – rien ne ressemble plus à une nuque qu'une autre nuque, et bien souvent ils ne se retournent pas – évitez d'ajouter un « *monsieur* » ou un « *madame* » qui serait mal interprété. La confusion est fréquente et – pour peu que vous ayez un avion à prendre – les représailles peuvent être indélicates.

L'itinéraire

C'est marqué sur le dossier du siège du passager avant (là où, en des temps immémoriaux, se nichait parfois un berger allemand) mais n'hésitez pas à indiquer votre itinéraire favori au chauffeur.

▶ Évitez :
« *Vous n'allez évidemment pas passer par l'avenue Chauvier avant de tourner place Huairveux.* »

☛ Préférez :
« *Que penseriez-vous d'éviter l'avenue Chauvier et la place Huairveux ?* »

Règle d'or

Il faut toujours rappeler au chauffeur qu'il est maître de son véhicule. Conforté dans sa position, il n'en sera que plus serviable.

La radio

Souvent reflet de la personnalité du chauffeur, la radio peut parfois être envahissante (nouvelles déprimantes, opinions politiques révoltantes, émissions navrantes, etc.)

◗ Évitez :
« *Vous pouvez éteindre la radio ?* »

☛ Préférez :
« *Pourriez-vous baisser un peu le volume ?* »

De même, si le volume est trop bas et qu'on annonce une nouvelle vous intéressant, n'hésitez pas à demander d'augmenter le son. Le risque est que le chauffeur y voie une invite au dialogue… et qu'il vous embarque dans un débat pouvant virer au scabreux ou à l'incommodant.

Le dialogue

Si certains chauffeurs sont muets (idéal pour téléphoner ou piquer un somme), d'autres sont avides de paroles. Il faut les comprendre : ils voient l'humanité dans un rétroviseur. Il est donc inutile et déplacé de les rembarrer violemment. Mais vous êtes à l'arrière et lui devant, sachez donc faire respecter votre espace vital. Une fois de plus, les mots sont bien utiles.

Cas 1 : **Vous avez envie de parler**

C'est à vos risques et périls. Vous pouvez enchaîner sur les inévitables réflexions lancées à l'orée de la course (« *Fais pas chaud* » ; « *Y a trop de monde* » ; « *Ah, ces couloirs de bus…* » ; « *Vous avez vu tous ces touristes ?* »...)

Et attention aux a priori : certains chauffeurs ont des vues souvent inattendues sur la marche des choses (l'effet rétroviseur, une fois de plus).

Cas 2 : **Vous ne voulez pas parler**

- Évitez :

– de ne rien répondre (le mutisme est un mépris)
– de répondre sèchement :
« *Écoutez, je m'en fous…* » c'est aussi du mépris.

☛ Préférez :
« *Avec le bruit de la rue je ne vous entends pas très bien.* » ;
« *Je suis un peu enrhumé…* » ;
« *Excusez-moi mais j'ai un coup de fil à passer…* »

En toutes circonstances le téléphone portable est une porte de sortie (vous pouvez même le faire sonner dans votre poche pour marquer le glas du dialogue !).

Autre cas compliqué et fréquent : le chauffeur part du principe que si vous pénétrez dans sa voiture, vous partagez les mêmes vues sur le monde. Chauffeurs racistes, djihadistes, altermondialistes, socialistes, homophobes... il y a de tout, et il est très difficile de rester courtois.

S'il vous demande : « *Vous êtes pas de mon avis ?* » :

◗ Évitez :
de répondre par un « Non, absolument pas ! » agressif, qui ne ferait qu'envenimer la conversation (Il y a des cas où le client finit viré de la voiture, quand ce n'est pas lui qui s'en va de son propre chef).

☛ Préférez :
« *Je comprends votre point de vue mais…* »,
« *Vous n'avez pas tort mais je suis plus nuancé…* » etc.

L'essentiel est de prendre son mal en patience car un trajet en taxi dure rarement plus d'une demi-heure.

Le règlement

Ah, payer un taxi... en voici une vieille lune. Certains chauffeurs vous disent que le pourboire est obligatoire (faux!); d'autres vous remercient; d'autres ne disent rien; d'autres encore maugréent car ce n'est pas assez.

➜ D'une manière générale, arrondissez au chiffre supérieur sans mesquinerie mais sans largesse excessive.

☛ Dites: « *Vous me rendez la monnaie sur 27 €* » et ne vous attendez pas à une réaction particulière.

◗ Évitez le « *Vous pourriez me remercier, au moins?* » qui ne changera rien à l'affaire.

➜ En revanche, en quittant le taxi, dites un « *Au revoir !* » tout aussi jovial ; vous pouvez même ajouter « *Bon courage !* » car, blague dans le coin, ce n'est pas toujours une sinécure d'avoir dans sa voiture des clients comme vous !

LE TÉLÉPHONE

Avec le téléphone, nous sommes au plein centre des objectifs de ce livre. Dans le mille! Ce truchement aussi fascinant que redouté est même une obsession moderne. La moitié des publicités semblent vanter les téléphones mobiles. L'intimidant mot de « *communication* » est un leitmotiv qu'on ressort à toutes les sauces, oubliant presque qu'afin de réellement **communiquer**, il convient avant tout de **parler**.

Au téléphone plus que partout ailleurs, tout est question de mot juste, car on est « sans filet ». Ici, on est même devant le mot nu, sans ces béquilles que sont la mimique, la grimace, le geste non verbal. Au téléphone, le plus court silence est éloquent (et souvent à double sens).

Apprenons donc à en éviter les pièges et exploiter les bienfaits...

Conseils généraux

➜ **Le téléphone n'est pas votre ennemi.** Certains le considèrent comme un intrus dans la vie quotidienne, une sorte d'œil de Moscou qui entrave et empêche de respirer. Ce n'est pourtant qu'un fort commode objet (généralement) en plastique, qui n'est là que pour vous aider.

➜ Donc, répétez-le aussi longtemps qu'il le faudra, à la façon d'un mantra hindou :
« *Le téléphone est mon ami, le téléphone est mon ami, le téléphone est mon ami…* »

➜ L'essentiel est de savoir **le laisser à sa place** et l'abandonner. Il faut en avoir besoin et ne pas *créer* ce besoin (et ça, c'est tout un art !).

➜ En tout état de cause, **utilisez-le pour ce qu'il est,** ne lui accordez pas une importance démesurée : pendant quelques centaines de milliers d'années, les hommes ont vécu sans lui.

« Allô »

Si ce mot est le plus simple du monde, il est parfois le plus difficile à prononcer. Et il y a autant de façons de dire « *Allô* » que de dire « *Je t'aime* ».

➔ En toutes circonstances :
Aimez à pratiquer un « *Allô* » ferme et articulé.

➔ Appel professionnel :
– Pas de « *Allô* » trop caractérisé.
– Évitez surtout le « *Allôôôôô ?* » théâtral, qui donne envie de raccrocher.
– Évitez tout autant le « *Allô !!!* » agressif qui donne l'impression qu'on vous dérange (même si c'est vous qui appelez !)

➔ Appel privé : là, ça vous regarde…

« Oui »

Cette variante du « *Allô* » est à manier avec prudence, car elle peut sembler familière.

➔ Un « *ouiiii ?* » nasal et doucereux semblera hors de propos et lourd de sous-entendus.

➔ Un « *oui !!* » qui sonne comme un coup de canon semblera une fin de non-recevoir, ce qui est bien inutile.

➔ Évitez : les « *yes !* » et autres mots hors de propos.

Monsieur / Madame

D'aucuns considéreront que cet article relève du guide de bonnes manières, ils auront tort.

➔ Dès que vous appelez une personne qui vous est inconnue, pratiquez d'emblée le « *Bonjour* **monsieur** » ou « *Bonjour* **madame** » qui n'a rien d'une gâterie pour snobinard mais qui est un comportement de base dans une société dite civilisée.

➔ Il en est de même pour le « *Au revoir…* ».

◗ En revanche, au cours de la conversation, évitez de donner du « *Monsieur* » ou du « *Madame* » à tout bout de champ, cela finit par sonner faux (comme les gens qui vous rappellent votre prénom à chaque phrase, à croire qu'ils se persuadent de votre identité !).

Cas 1 : **Vous appelez**

Répétons-le : si vous appelez, c'est que vous avez une bonne raison de le faire, ne vous sentez donc pas automatiquement coupable de déranger les gens (par pur souci d'humanité, évitez toutefois la tranche 22 h-8 h du matin).

☛ Soyez naturel.
Rien n'est plus agaçant que de recevoir un appel emprunté, où l'on a l'impression que l'interlocuteur lit un

texte (quand il ne l'ânonne pas...), comme ces pauvres « télémarketteurs » qui vous appellent à l'heure des repas et écorchent votre nom avant de proposer une assurance-vie ou des doubles-vitrages.

☛ Présentez-vous.
Comme on prend le taureau par les cornes, annoncez la couleur :
« *Bonjour, Gilles Chauvier à l'appareil, pourrais-je parler à xxx ?* »

Attention : vous n'êtes pas un formulaire administratif. Ne vous présentez jamais en disant le nom avant le prénom.

◗ Ne vous excusez pas...
...sauf si vous appelez à une heure ou un jour indu, ne vous confondez pas inutilement en excuses. Ça vous place en position de débiteur et fausse d'emblée le rapport avec l'interlocuteur, qui se trouve malgré lui sur un socle. Après ça, ne vous étonnez pas qu'il soit un poil dédaigneux.

☛ En revanche : si on vous fait remarquer que vous appelez un poil tard ou un brin tôt, excusez-vous (règle de base : ne dites pas « *Excusez-moi* », apostrophe comminatoire, encore moins « *Je m'excuse* », mais « *Je vous prie de m'excuser* ») et redoublez de courtoisie.

➔ Allez droit au but.
« *Time is money* », disait l'autre, donc ne vous embarrassez pas de précautions oratoires bien inutiles.

◗ Évitez :
« *Oui… en fait… j'ai longtemps hésité mais je me disais que tout de même la chose la plus simple serait de vous appeler parce que je suis persuadé qu'il serait tout de même plus commode et plus adéquat de parler directement avec vous…* »
Après une telle logorrhée, vous avez de la chance que votre correspondant n'ait pas déjà raccroché.
☛ Préférez :
« *Je vous appelle au sujet de xxx.* »
C'est quand même plus simple.

➔ Raccrochez sans épiloguer.
Lorsqu'il est temps de mettre fin à la conversation, ne jouez pas les adieux de Fontainebleau. **Soyez clair et net.** « *Je vais devoir vous laisser…* » Un franc « *Au revoir* » vaudra toujours mieux que toutes les périphrases filandreuses pour signifier que la conversation n'en finit pas d'agoniser sur son lit de mort.

Cas particulier : si toutefois un événement extérieur venait mettre un terme au dialogue (porte qui sonne, double-appel, œufs qui crament dans la poêle, accouchement impromptu), n'inventez pas de raisons absurdes.
– Soit vous dites **tout** :
« *Je suis désolé, je viens de perdre les eaux…* »
– Soit vous ne dites **rien** :

« Je dois vous laisser, mais je vous rappelle très vite… »

Cas 2 : Vous répondez

En écho à la rubrique précédente, rappelez-vous combien il est difficile, pour certains, de passer un coup de fil.

➜ Soyez donc charitable et non cruel.

➜ Du « Bonjour » au « Au revoir » la conversation doit être un modèle de **civilité** et d'**écoute**.

En trois mots comme en un, soyez :

1. **accueillant**
2. **patient**
3. **définitif, s'il le faut.**

CAS PARTICULIER – déjà évoqué – où une voix lointaine au français hésitant vous propose un bouquet satellite pour seulement 19, 90 € par mois…
– Évitez de leur raccrocher au nez sans même un mot.
– Votre interlocuteur ne fait que son boulot (certes ingrat).
– On ne vous demande pas de les plaindre ou de signer en leur faveur des pétitions (quelle horreur!), juste de dire:
« *Merci, mais j'ai tout ce qu'il me faut; au revoir monsieur/ madame.* »

Les téléphones fixes

Oui oui, ça existe encore! Bien sûr, on ne compose plus *Odéon 37-38* ou *Balzac 56-93*, mais le bon vieux téléphone fixe est toujours de ce monde.

À part ça, on ne pourra pointer aucune différence avec son cousin le mobile, si ce n'est qu'il est moins dérangeant pour les autres…

Les téléphones portables

Petite méditation sur un grand thème

Des scientifiques ont constaté que l'usage décroissant de certains membres ou accessoires corporels (un doigt de pied, une série de dents) aboutira à leur éradication *naturelle* d'ici quelques années. À l'inverse, un nouvel organe nous pousse : le téléphone portable. L'homme est un mutant. Car il est partout, ce *telefonino*, si cher aux Italiens (champions toute catégorie de la *portablomania*).

D'abord produit de luxe, digne successeur du téléphone de voiture, le portable entend être aujourd'hui le joker qui pallie tous les manques. Courrier, mot de billet, carnet de bal, agenda, répertoire, appareil photographique, caméra, jeu en solitaire, banque d'image, de sons, de films, médium ouvert sur le grand monde... jusqu'où ira-t-il ?

Tel le *Jiminy Cricket* du *Pinocchio* de Walt Disney, il est une conscience de poche qui dicte nos actes et nos pensées.

Appendice, postiche ou pédoncule, le téléphone portable est-il un sixième sens, une seconde nature ?

Cette béquille est devenue partie intégrante de notre physiologie, au point que sa perte est une amputation. Ne pas entendre son portable, rater un appel, effacer par mégarde un message seront bientôt causes de dépressions. L'engin contient trop en lui : un résumé de vie, un concentré d'humanité, un coffre-fort où l'on place nos secrets, nos espoirs, nos fantômes. Car l'accoutumance au portable change le comportement.

Au crépuscule du « *Ça va ?* » succède l'aurore du « *T'es où ?* » et notre rapport à la géographie n'est plus le même. Nos conversations sont « en mouvement », « in progress ». Nous vivons par procuration des événements, des émotions. Le téléphone se fait lorgnette autant qu'écran. Il n'est pas la vraie vie mais une vision plaquée, aseptisée, comme celle d'un aquarium, ou d'une chambre stérile. Reste à savoir qui est le poisson, le malade, le médecin...

Aujourd'hui, ne pas posséder de téléphone mobile est une tare. « *Ma pauvre chérie, comment fais-tu sans?* »; il y a dix ans, cette remarque eût semblé absurde; en créant le besoin on a ouvert la boîte de Pandore. Dorénavant, parents et enfants possèdent chacun son numéro, sa boîte vocale, et correspondent par *SMS*... dans la même maison.

On nous parle du retour du dialogue, d'un regain de l'écrit grâce au texto. Mais « communiquer » ne signifie-t-il pas également ressentir, éprouver, *partager*?

RÈGLE DE BASE

Dans les transports, la règle absolue avec le téléphone portable est la **discrétion**.

– Que vous l'éteigniez avant un récital de piano, cela va de soi.

– Mais vous ne devez pas faire des usagers du bus ou du train les spectateurs (involontaires !) de vos débats intimes.

– Bref : chut ! Vous n'êtes pas tout(e) seul(e) !

Répondeur/Messagerie

Les messageries vocales sont les nouvelles secrétaires (ce que maintenant, cocasse euphémisme, on appelle des « assistantes »).

Votre annonce

➔ Lorsque vous enregistrez votre message, soyez prudent : ce qu'on prend pour de l'humour peut être mal perçu par d'autres (si le rire est le propre de l'homme, il est la chose au monde la moins bien partagée).
➔ Soyez donc sobre autant que faire se peut.

– Factuel :
« *Bonjour, vous êtes sur la messagerie de Gilles Chauvier, veuillez me laisser un message après le signal sonore, merci.* »

– Discret : (d'aucuns rechignent à se nommer)
« *Bonjour, vous êtes bien au 06 23 52 85 89, veuillez laisser un message après le signal sonore, merci.* »

– Anonyme :
« *Vous êtes bien au numéro que vous avez composé, veuillez laisser un message après le signal sonore, merci.* »

Attention : si possible, évitez de dire « *après le bip* », l'onomatopée est aussi laide que puérile.

Variantes

Elles sont infinies et dépendent de votre inspiration, mais je me répète : faites attention.

Pêle-mêle, vous pouvez opter pour :
« *Je serais curieux de connaître votre message* » ;
« *Bonjour, c'est Gilles. Et vous ?* »
etc.

Attention : d'une manière générale, évitez les musiques ambiguës, chansons paillardes, répliques de film, imitations d'accents étrangers, ou même le toujours drôle mais finalement horripilant « *allô ? allô ?* » pour faire croire que vous êtes vraiment en train de répondre.

Votre message

→ Les messages les plus courts sont toujours les moins longs... et les plus appréciés.
« *Bonjour, Gilles Chauvier, je voulais savoir si…* »

- Pas d'excuses, pas de bégaiement, pas de périphrases.

3 règles d'or

AR-TI-CU-LEZ! Ne vous pressez pas et pensez à La Fontaine. Mieux vaut être une tortue qui articule plutôt qu'un lièvre qui avale ses mots.

SOYEZ PRÉCIS : Ne vous perdez pas en fioritures et autres arabesques oratoires. S'il remplace parfois le boudoir, le téléphone est avant tout un moyen de communication et non une fin en soi. Donc : allez à l'essentiel.

SOYEZ DISCRET : Plongé dans une conversation, on a parfois tendance à faire abstraction du reste du monde (collègues, famille, voisins de bus...). À tort !

Cas particuliers : Mails et SMS

Le mail

À la fois progrès et perversion de l'échange social, le e-mail (auquel on est en droit de préférer le mot « courriel ») est devenu une mine de fantaisie langagière. Il n'est pas ici question de parole, mais d'écrit. Toutefois, dans le cadre du mail, la barrière entre langue parlée et écrite est redoutablement ténue. C'est même une mine de néologismes parfois poétiques, souvent navrants, qu'il convient d'utiliser avec parcimonie... ou de carrément éviter.

◗ Évitez : de confondre téléphone et mail.
– N'attaquez pas vos mails de façon trop orale. N'oubliez pas que ce qui peut sembler piquant dans le cadre d'une conversation risque de s'inscrire dans le temps par le simple fait que c'est écrit. Prenez donc garde à la moindre familiarité (« *salut* », « *bisou* », « *biz* »...).
– De même, faites des phrases grammaticalement viables, et évitez les syntaxes anarchiques. (« *j'ai faim il fait beau on déjeune* »)
– Enfin, l'association d'idées et le coq à l'âne ont du charme à l'oral ; à l'écrit, c'est tout autre chose.

☛ Préférez : une rédaction de type épistolaire (cher monsieur, chère madame, veuillez croire, bien à vous, etc.)

Le SMS

Version extrême du e-mail, le SMS ou texto sera l'objet de la même vigilance. Sous prétexte d'efficacité on y malmène le langage à tout bout de champ. Pour peu que vous en ayez le temps (et le programme dit « T9 » simplifie la chose) ayez à cœur de rédiger vos mots et de bannir toute apocope.

- Évitez : « *T où ? à +* »
- Préférez : « *Où es tu ? À tout de suite.* »

Bref : à l'oral, **improvisez** ; à l'écrit : **cons-trui-sez.**

Règles d'or

DANS UN MAIL COMME DANS UN TEXTO

✔ N'oubliez pas que le ton est invisible.
✔ Soyez donc très prudents quant à votre formulation.
✔ Évitez autant que faire se peut toute forme d'humour avec des gens que vous ne connaissez pas.
✔ Évitez également d'ajouter des « smily » et autres fanfreluches inutiles.

LES MOTS DÉLICATS

On peut se retrouver devant des angoisses absurdes et infinies faute de savoir comment aborder certains sujets jugés sensibles. Ainsi tel individu préférera sautiller sur place pendant deux heures plutôt que d'oser demander l'emplacement des toilettes ; de même, cette malheureuse dame préférerait se faire crucifier plutôt que de demander où est la pharmacie la plus proche. Il s'agit une fois de plus ici d'avoir « en soute » un vivier de mots et expressions passe-partout qui sont autant de boucliers pour naviguer en eau minée.

RÈGLE DE BASE

Nous sommes tous logés à la même enseigne : des êtres humains avec un corps, ses besoins, ses avanies. Jésus avait ses verrues, Napoléon ses pulpites, Socrate la colique. C'est même ce qui nous rapproche de tous ces illustres prédécesseurs. Si vous hésitez encore à attirer l'attention sur un besoin pressant, n'oubliez jamais que nous descendons tous du même arbre.

Cas 1 : **Pipi !**

Eh oui, le mot fait sourire ! Mais – quoique enfantin – il est sans doute le terme le plus admis dans notre langue pour désigner cette fonction bien naturelle. Ce n'est pas une raison pour l'utiliser à tort et à travers.

◗ Évitez :
– D'être trop familier ou puéril :
« *Où puis-je faire pipi ?* » (ainsi que ses corollaires plus vulgaires, scabreux ou imagés).

– De qualifier vos envies :
« *J'ai* **atrocement** *besoin d'aller au petit coin…* »
Là, ça devient intime.

– De les détailler :
« *Je crois que c'est l'heure de la grosse commission* » ;
« *je dois vraiment faire popo…* » ;
« *je dois poser ma pêche* » etc.
Vous êtes libre de vos choix... qui ne regardent que vous.

☛ Préférez :
– Au restaurant ou dans tout autre lieu public :
« *Pourriez-vous m'indiquer les toilettes, s'il vous plaît ?* »

– Chez des gens :
« *Pourriez-vous me dire où je peux me laver les mains, s'il vous plaît ?* »

Attention : Certaines personnes manquant de finesse vous conduiront *effectivement* devant un lavabo. Ayez alors la finesse de leur demander à mi-voix: « *Et… où puis-je vraiment m'isoler?* » Si après ça votre hôte ne comprend toujours pas, vous êtes en droit d'expliciter vos besoins...

Cas 2: **Maladie**

On n'est pas toujours maître de son corps et une infection peut vous tomber dessus comme la vérole sur le bas-clergé. Ne vous laissez pas pour autant submerger par la douleur et soyez honnête... tout en maîtrisant l'art de la périphrase.

◗ Évitez:
« *J'ai atrocement envie de vomir…* »
et encore moins :
« *J'ai vraiment la gerbe.* »

☛ Préférez:
« *Vous auriez quelque chose contre le mal de cœur ?* »

➔ Dans le cas d'une avanie mensuelle et spécifiquement féminine, la dame ira voir une consœur du même sexe.

◗ Évitez :
« *Je n'ai pas envie de ruiner votre canapé…* »

☛ Préférez :
« *J'ai des petits ennuis de fille…* »

3 règles d'or

N'AYEZ PAS HONTE D'ABORDER LE PROBLÈME. Répétons-le : nous en sommes tous là. Mais les gens étant aussi différents que le diamètre de leur vessie, on ne vous en voudra pas de ne pas avoir pris vos précautions avant.

N'ATTENDEZ PAS LE MARTYRE POUR AGIR. Car c'est là que vous risquez vraiment l'accident, la catastrophe et la honte publique.

NE NOMMEZ JAMAIS VOS BESOINS. Laissez « *Pipi* », « *Caca* », « *Popo* », « *Prout* », et autres « *rototo* » aux enfants et aux animateurs de radio. Contentez-vous d'ellipses explicites.

LA MORT

Encore un mot qui fait peur. Aujourd'hui, on lui préfère mille et une périphrases, allusions, euphémismes, litotes, qui sont autant de manières détournées pour évoquer ce qui nous attend tous, un de ces quatre matins. Parler de la mort est donc l'une des choses les plus délicates car chaque mot et chaque virgule doivent être pesés, tant ils prennent un poids démesuré quand la douleur s'y mêle.

Ici encore, la diplomatie est de rigueur. Il y faut aussi non point une brusquerie mais une honnêteté qui recadre. Rien ne sert de nier la mort. Partis de rien, nous y retournons : voilà tout.

RÈGLE DE BASE

La re-te-nue. Que vous évoquiez la mort d'un inconnu, d'un proche… ou la vôtre, tâchez si possible de ne pas verser dans le pathos.
Il y a là une forme de prise d'otage morale, où votre interlocuteur est entraîné par vos flots lacrymaux et :

1. fond en larmes.
2. … ou est atrocement embarrassé car il ne sait comment réagir.

Bref : comme on se drape de noir, on choisira en toutes circonstances la **sobriété.**

Cas 1 : **La mort chez les autres**

Vous croisez dans la rue une personne qui ne vous est pas vraiment proche mais dont vous savez qu'il a récemment perdu son conjoint, sa mère, un enfant...

◗ Évitez : de l'aborder en commençant d'emblée par « *J'ai appris que…* ».

☛ Préférez : assez rapidement dans la conversation (et sans attendre qu'il y ait un blanc dans le dialogue), dites très simplement :
« *Je suis vraiment désolé par ce que j'ai appris. Si vous aviez besoin de quoi que ce soit, vous pouvez toujours compter sur moi.* »

▶ Évitez absolument : le redoutable « *Toutes mes condoléances* », qui est cérémonieux, administratif et dénué de toute sincérité.

Cas 2 : La mort chez vous

Inversons la proposition mais gardons la même situation : vous venez de perdre un proche et croisez un vague ami dans la rue.

S'il ne dit rien, c'est que :
1. il n'est pas au courant
2. il ne sait pas comment en parler.

▶ Évitez : en ce cas de l'embarrasser en disant :
« *Tu ne sais pas que j'ai perdu ma femme ?* »
Pris de court, il risquera de réagir avec maladresse.

☛ Préférez : dire au détour d'une phrase :
« *Tu sais, en ce moment, ça ne va pas très fort…* »,
qui est comme une perche tendue. S'il ne la happe pas au passage (« *Raconte-moi un peu ?* »), c'est qu'il est inconscient de ce qui vous arrive, égoïste ou simplement maladroit. Ce n'est pas une raison pour insister.

▶ Évitez absolument : le hideux
« *Ma mère est décédée* ». Une fois de plus, on tombe dans le jargon de croque-mort.
« *Ma mère nous a quitté* » est dans son genre bien mélodramatique.

☛ Préférez : si vous arrivez à le dire
« *Ma femme est morte* »,
mais cela peut perturber votre interlocuteur.
Vous avez la périphrase toujours commode :
« *J'ai perdu mon père.* »

Cas 3 : La maladie

Si elle ne signifie pas forcément la mort, elle en ouvre parfois le chemin. Il importe donc d'y appliquer le même tact que dans les deux rubriques précédentes.

➔ Si vous êtes malade, n'en faites pas état devant un tiers qui ne le sait pas. Contrairement à la mort – phénomène ontologiquement public – la maladie relève de l'intimité.

◗ Évitez un atroce :
« *Tu sais que j'ai un cancer ?* »

☛ Préférez : la même perche que celle citée précédemment :
« *Je ne suis pas en grande forme.* »
Mais on vous saura toujours gré de ne pas étaler vos avanies.

→ Si vous rencontrez un ami que vous savez malade,

◗ Évitez :
« *J'ai appris que tu avais un cancer.* »

☛ Préférez : attendre qu'il l'évoque et enchaîner avec astuce :
« *Oui, je savais ça, mais je ne savais pas comment t'en parler…* » ;
vous pouvez à la rigueur trouver une bonne raison d'en parler en tendant vous-même des perches à votre interlocuteur.

◗ Évitez (évidemment) :
« *Tu as une tête de mort-vivant.* »

☛ Préférez :
« *Tu n'as pas très bonne mine en ce moment. Tu vas bien ?* »

3 règles d'or

✔ Que vous soyez l'endeuillé ou l'ami, **pensez** moins à vous qu'à **l'embarras possible de votre interlocuteur.**

✔ Soyez **neutre** et **précis** sans pour autant entrer dans les détails.

✔ **Ne tombez jamais dans les épanchements.** Les pleureurs sont une tradition d'un autre temps.

L'ARGENT

L'argent est, entre tous, un sujet délicat. Peut-on en parler ouvertement? Doit-on faire comme s'il n'existait pas, quitte à en nier – absurdement – l'existence? Certains adorent l'amener sur le tapis, d'autres le fuient comme la peste... L'argent, ce « dieu visible » dont parlait Tolstoï, nous concerne tous. On ne peut donc guère l'évincer. Il s'agit maintenant de savoir où, quand et comment lui donner un rôle dans nos mots.

La question est complexe, car elle est aussi bien culturelle que sociale. Dans certains groupes, parler d'argent est une insulte, du moins une inconvenance; dans d'autres, une chose naturelle. Charge à vous de savoir si oui ou non le sujet s'impose.

À un dîner

Vous êtes avec d'autres personnes, la conversation tourne autour de la crise et des problèmes économiques du moment. Certains commencent à dire qu'ils ont peur

pour leurs économies, etc. Soudain, l'un des convives se tourne vers vous.
« *Et vous, combien gagnez-vous par mois ?* »

Cas 1 : **Vous acceptez de répondre**

☛ Direct : « *2380 €* »

☛ Précis (si vous y tenez) :
« *2380 € net, avec le treizième mois, un bonus et 1500 € de notes de frais.* »

☛ Précis avec rebond (légèrement ironique) :
« *2380 € net, avec le treizième mois, un bonus et 1500 € de notes de frais ; et vous ?* »

☛ Allusif :
« *Aux alentours de 2000 €, mais ça varie.* »

☛ Évitez : d'entrer dans trop de détails (retenues, retraites, impôts, etc.)

Cas 2 : **Vous ne voulez pas répondre**

☛ Direct mais courtois :
« *Je n'ai pas pour habitude de dire combien je gagne* » ;
« *Je suis désolé mais je ne le dis jamais…* »

☛ Définitif :
« *Je suis désolé mais ça ne vous regarde pas.* »

☛ Vagae :
« *Une certaine somme… qui me permet de vivre.* »

☛ Hypocrite :
« *Franchement, je ne sais pas exactement.* »

☛ Piquant :
« *Si on vous le demande, dites que vous n'en savez rien.* »

☛ Avec humilité :
« *Pas beaucoup.* »

☛ Évitez :
« *De quoi je me mêle ?* »

En famille

Le dîner amical est à la rigueur un terrain neutre, car il n'y a pas d'intérêts conjugués. La question de l'argent est bien plus délicate en famille, car s'y mêlent sentiments, conflits d'intérêts, jalousies inavouées depuis l'enfance, de personnes lésées ou favorisées par des héritages, etc. C'est même la pomme de discorde qui, de tout temps, a fait voler en éclats les dynasties. Il convient donc de la manipuler avec une précision d'artificier.

Les exemples sont trop nombreux, complexes et singuliers pour qu'on les explore un par un. En tout état de cause, soyez d'une diplomatie exemplaire, quitte à passer pour hypocrite. Évitez également d'attiser les rancœurs des uns contre les autres.

◗ Évitez :
– La compétition :
« *Tu as vu combien ta sœur donne à son fils ?* », ou bien :
« *Tu sais ce que ma tante a reçu après la mort de grand-père, alors que ma mère…* »

– La mesquinerie :
« *L'année dernière, tu avais été plus généreux, pour Noël…* »

– La mise en perspective (le plus grand danger) :
« *En vingt ans, tu n'as cessé de devenir de plus en plus pingre…* »

☛ Préférez :
Sans vous voiler la face ni vous faire escroquer, soyez ferme et courtois, en toutes circonstances. Ne donnez pas le change aux rancœurs des autres, n'entrez pas dans les jeux de médisances ; restez comme un loup solitaire (seule survie possible).

Cas 1: **La médisance**

On vous dit: « *Tu n'es pas écœuré par ce que son frère lui a laissé?* », répondez:

☛ Dégagé:
« *C'est eux que ça concerne.* »

☛ Neutre:
« *On ne va pas entrer dans une logique de camp…* »

☛ Moralisateur:
« *Tu sais bien que l'argent sépare les individus; prenons-en de la graine…* »

(Évitez bien entendu d'attiser le feu, en envoyant de petites bombes telles que:
« *Ça fait des années qu'ils se bouffent le nez: ça devait arriver* » ou « *Ils ne se sont jamais entendus…* »)

Avec de complets inconnus

Il arrive que l'on soit amené à parler d'argent avec des gens rencontrés à l'instant même (dans des commerces, des transports, etc.) On aura soin d'être une fois de plus circonspect, ne sachant pas quelle place l'argent occupe chez cet interlocuteur de fortune. Par souci de discrétion (et de méfiance : l'homme est peut-être du fisc) on sera donc particulièrement allusif avant d'en savoir plus sur lui.

Vous commencez à bavarder et bien vite il vous entraîne sur le terrain professionnel :
« *Vous travaillez dans quoi ? Vous faites ça depuis longtemps ?* »

S'il vous demande :
« *Et c'est un métier qui rapporte ?* »

◗ Évitez : d'entrer dans les détails
(« *Oh, près de 3 000 € par mois.* »)

☛ Préférez : l'ellipse
« *Suffisamment pour avoir une femme et deux enfants à ma charge.* »
Vous pouvez même ajouter – peu importe si c'est faux –
« *Ma femme elle aussi travaille…* »
voire aller jusqu'à
« *et on a un gros emprunt sur le dos pour les quinze prochaines années…* »

D'une manière générale, il est toujours mieux de passer pour moins fortuné qu'on ne l'est vraiment ; par courtoisie vis-à-vis de l'interlocuteur, et par prudence vis-à-vis des profiteurs. Pour vivre heureux, vivons cachés (mais pas tout le temps, sinon on suffoque !).

Au travail

C'est peut-être là qu'il convient d'être le moins bavard au sujet de l'argent. Dans une entreprise, chacun sait que l'argent est le moteur principal (mais pas unique) de sa présence ici. Il est donc le lien tacite (mais pas exclusif) entre des individus qui à l'origine n'étaient ni des parents ni des amis. Mais ce même argent peut, une fois de plus, induire des complexes de comparaison, de compétition, etc. On sera donc prudent quant à l'évocation de ce « bien commun ».

➔ CAS 1 : À la question :
« *Tu as été augmenté, toi ?* »,
la réponse peut vous brouiller avec votre collègue.

◗ Évitez :
« *Bien sûr, pas toi ?* »

☛ Préférez :
« *J'ai fait ma demande mais je n'ai toujours pas de réponse…* »

➔ CAS 2 : À la confidence :
« *Tu sais que j'ai été augmenté ?* »,
votre réaction se doit d'être tout aussi diplomate.

◗ Évitez :
« *Mais c'est injuste : pas moi !* »

☛ Préférez: mettre votre orgueil au placard et vous réjouir (même s'il y faut mêler un poil d'hypocrisie):
« *Je suis très content pour toi…* »

D'une manière générale: si vous avez été augmenté, ne le claironnez pas, les jaloux abondent.

Réclamer son dû

Nulle n'est pire plaie que les mauvais payeurs, car ils vous placent dans des positions impossibles. Pour peu que vous soyez mal à l'aise avec les questions d'argent (comme beaucoup de gens, ne vous sentez pas isolé!) ils en profitent et préfèrent laisser traîner les choses, quitte à les enfouir lentement dans un oubli courtois d'où vous n'osez pas aller les déterrer. À tort!

Ayez toujours en réserve quelques formules dans votre carquois.

☛ Direct:
« *Tu te souviens que tu me dois de l'argent?* »

☛ Interrogatif:
« *Tu crois que tu pourrais me rembourser bientôt ce que je t'ai prêté?* »

☛ Désintéressé:
« *Ça n'est qu'un détail, mais tu m'avais emprunté 1 000 €.* »

☛ Volontairement imprécis :
« *Est-ce que je ne t'ai pas prêté de l'argent, il y a quelque temps…* »

☛ Plein de fausse humilité :
« *Maintenant que tu es milliardaire, tu veux bien te souvenir de moi ?* »

◗ Évitez d'être culpabilisateur :
« *Si tu m'avais remboursé, j'aurais pu emmener ma femme aux Seychelles.* »

Emprunter de l'argent

On jette la pierre aux débiteurs, mais il y a parfois des moments où les proches peuvent vous tirer d'un mauvais pas.

Cas 1 : **À la banque**

Dans ce cas-là, ne vous embarrassez pas de trop de préambules. Les précautions oratoires sont ici inutiles : les banques ont pour métier de prêter de l'argent (et de le récupérer avec les intérêts qui s'imposent, s'entend). Soyez donc direct, naturel, sans afféterie (ce qui n'exclu ni l'humour ni l'amabilité).

☛ Classique :
« *Je suis venu faire un emprunt.* »

☛ Souriant :
« *Je suis venu pour une raison que vous connaissez bien : j'ai besoin d'argent.* »

◗ Évitez : de vous excuser outre mesure (je le répète, c'est leur métier)
« *Je suis confus de vous déranger, mais vous avez peut-être eu un moment pour regarder mon compte et j'ai bien peur qu'en ce moment bla bla bla.* »

Cas 2 : **À des amis**

Moins solennel mais plus délicat, emprunter de l'argent à des amis est une question d'équilibre et d'anticipation. Tâchez de vous projeter dans l'avenir et dressez (si possible) l'éventail des conséquences possibles de cet emprunt. S'il n'est pas indispensable et s'il risque de vous brouiller à mort avec un ami de trente ans, abstenez-vous. Sinon, soyez d'une grande diplomatie.

◗ Évitez :
– De tourner autour du pot :
« *En ce moment je suis un peu court ; j'ai quelques soucis…* »
pour le faire réagir et qu'il vous propose lui-même :
« *Tu as besoin d'argent, c'est ça que tu veux dire ?* »

Cela montre que vous n'osez pas le lui dire frontalement, et qu'il pourra donc faire face à un débiteur fuyant quand il sera question de récupérer son prêt.

Ça le place aussi en position de force : il peut très bien faire la sourde oreille et feindre de ne pas comprendre vos sous-entendus.

Bref : au bout du compte, tout le monde est frustré et agacé.

– D'être culpabilisateur :
« *Si j'avais tes moyens, je ne serais pas dans cette situation. Il y a vraiment des gens qui ont de la chance et d'autres qui n'en ont pas.* »

Pour peu que la chose soit vraie, elle fausse les rapports et rend votre ami « *obligé* » de vous prêter de l'argent ; alors que c'est **vous** qui êtes son obligé...

☛ Préférez : aller droit au but :
« *Dis donc, penses-tu que tu pourrais me prêter 500 € ?* »

Cas 3 : À des membres de votre famille

Ce cas est encore plus dangereux et épineux que les deux précédents, car avec la famille se présentent toujours (un jour ou l'autre) des conflits d'intérêts. On sera donc d'une grande prudence et on ne choisira pas des membres trop proches (qui risquent, en cas de problème, de mettre cet emprunt dans la balance). De même, si un très proche parent vous demande de l'argent, soyez d'une vaste circonspection et n'oubliez jamais de remettre cet acte apparemment banal en perspective.

◗ Évitez : de jouer sur la sensibilité familiale.
« *On était tous les deux les favoris de maman ; elle aurait aimé te voir m'aider…* »

☛ Préférez : rester neutre.
« *J'ai de gros problèmes d'argent. Pourrais-tu m'en prêter pendant quelque temps ?* »

Si vous êtes dans la position de l'« *emprunté* »,
soyez tout aussi direct sans jamais cesser d'être amical :

➔ Vous acceptez :
« *Bien sûr, je te fais confiance. Combien te faut-il ?* » (Précisez toujours un délai, fût-il flou et extensible, comme « *tu me rembourseras quand tu pourras* », mais le mot « *remboursement* » doit être prononcé, car tout ce qui est nommé ou désigné existe.)

➔ Vous refusez :
« *Je suis désolé mais en ce moment ce n'est pas possible.* »

Surtout, ne revenez pas sur votre décision, car cela vous met en position de faiblesse et induit que vous ne serez pas un créditeur trop encombrant.

L'argent de poche

Source de bien des querelles entre parents et adolescents, la question de l'argent de poche est parfois un problème de communication entre les deux générations ; donc de mots...

Cas 1 : Des parents à leurs enfants

Soyez précis mais jamais infantilisant ni culpabilisateur. L'argent ne doit être ni sacralisé ni méprisé. C'est un moyen, voilà tout.

◗ Évitez :
« *Tu te rends compte de ta chance ? On va à nouveau se saigner les veines et te gâter ; j'espère que tu le réalises vraiment...* »

☛ Préférez :
« *Tu auras 20 € par semaine.* »

Cas 2 : Des enfants à leurs parents

Si vous devez réclamer un argent de poche que vos parents traînent parfois à vous donner (le méritez-vous, d'ailleurs ?), soyez vous aussi franc et direct.

◗ Évitez :

– L'allusion filandreuse :

« *Dans l'entrée, j'ai vu que ton portefeuille était sur la petite table à côté de ton chapeau. Il est joli ce chapeau. Le portefeuille aussi, d'ailleurs…* »

– La comparaison abusive :

« *Tu sais que les parents de Grégoire lui donnent 30 € par semaine ?* »

☛ Préférez :

« *Pourrais-je avoir mon argent de poche, s'il te plaît ?* »

Quelques mots pour le dire

Ouvrez un dictionnaire des synonymes et vous trouverez, au mot « argent », une infinité d'expressions. Toutes sont utilisables, mais pas avec n'importe qui. À vous de voir...

- Argent : universel.
- Sous : familier.
- Fric : familier.
- Blé : familier
- Picaillons : vieil argot
- Flouze : argot
- Thunes : argot
- Pognon : argot
- Pèze : vieil argot
- Ronds : vieil argot
- Pognon : argot
- Oseille : vieil argot
- Pépètes : argot
- Grisbi : très vieil argot
- Cash : familier
- Balles : désormais obsolète (quel est le mot argot pour euros, d'ailleurs ?)

3 règles d'or

Comme nous l'avons souvent répété dans ce recueil, lorsque vous parlez d'argent :

✔ Soyez **direct**
✔ Soyez **naturel**
✔ Soyez **prudent**

LA DRAGUE

S'il est un incontournable du « dialogue nécessaire », c'est bien celui de la drague. Contrairement à nos cousins animaux, nous ne pouvons séduire l'âme sœur en nous contentant d'odeurs sensuelles et de basculements caudaux (même en boîte de nuit, il faut bien finir par parler un peu...). Tel le cerf à l'heure du brame – ou la biche à celle des regards en coin – il est temps de savoir quoi dire pour mener à bien ce combat de chaque instant.

Pour ne pas blesser l'un ou l'autre sexe (et leur(s) préférence(s) sexuelle(s)), nous utiliserons dans ce chapitre la troisième personne du masculin singulier, celle-là même qui est issue du neutre latin.

L'approche

Chez nos ancêtres, la geste amoureuse était codée à l'extrême. Mais nous ne sommes plus à l'heure de l'amour courtois et la passion se niche à chaque coin de rue, pour qui sait la déceler. La difficulté est d'éviter les clichés non sans en laisser passer quelques-uns... (il faut parfois sacrifier au « folklore de la drague », comme les figures obligatoires d'une discipline rhétorique ou olympique). Tout est dans la nuance, le non-dit. C'est pourquoi il n'y a pas de recette miracle. Quelques règles de base évitent toutefois l'échec... et le ridicule.

Cas 1: **Dans un dîner**

➜ Si vous vous apercevez que votre voisin ne vous laisse pas indifférent, tâchez d'attirer son attention et de la fixer le plus longtemps qu'il se peut. Intéressez-vous à lui et mettez-le en valeur. Mais veillez à ne pas être exagérément laudatif: vous ne le recevez pas à l'Académie française.

➜ Posez-lui le plus de questions possible, tout en évitant de sembler trop insistant ou exagérément curieux (c'est-à-dire indiscret).

➜ Débrouillez-vous pour que le convive de l'autre côté vous laisse le champ libre, sans jamais vous montrer discourtois (et encore moins agressif) à son endroit.

➜ Sachez ne pas vous contenter de jouer les intervieweurs et vous mettre également en valeur... sans excès!

◗ Évitez :
« *Sans m'envoyer des fleurs, j'ai toujours été le plus brillant du groupe : le bac à 13 ans, Normale Sup à 15 ; Polytechnique à 19 ; l'Ena : à 21 ans... Et lorsqu'on m'a proposé l'Élysée, j'ai failli dire oui. Mais j'aime trop ma liberté, vous comprenez ?* »

☛ Préférez :
« *J'ai pas mal de diplômes assez ronflants qui m'ont permis de bien me débrouiller dans la vie. Si je vous parle de ça, vous allez vous endormir sur mon épaule... ce qui n'est pas désagréable comme perspective...* »

◗ Évitez de vous déprécier ; la fausse modestie ou l'humilité excessive (fût-elle sincère) sont comme la cigarette : elles calment pour mieux irriter.

◗ Évitez tout autant :
« *Franchement, ma vie ne vaut rien à côté de la vôtre et je me demande ce qui vous pousse à me parler depuis le début du dîner...* »

☛ Préférez :
« *J'ai fait deux ou trois choses pas mal, mais je ne vais pas vous embêter avec ça...* »

➔ Rappelez-vous la phrase (admirable) de François Mitterrand :
« *Si je vous appelle, est-ce que ça fera de la peine à quelqu'un ?* »

Cas 2 : Dans une soirée

La situation est ici moins simple, car vous y êtes mobile et donc tout rassemblement est éphémère et volatile. Une fois de plus, il s'agit de sédentariser ce qui est d'essence nomade.

→ **Si on vous présente**, débrouillez-vous pour (le plus vite possible !) vous isoler avec la personne que l'on vient de vous faire connaître. Vous avez moins de temps qu'à table et vous devez agir comme l'éclair : dressez dans votre tête l'éventail des point communs possibles ; alors, lancez-vous.

◗ Évitez :

« *Ce qu'il fait froid, en ce moment…* »

☛ Préférez :

« *Et quand vous n'allez pas dans ce genre de soirée, vous allez au cinéma ou vous restez lire à la maison ?* »

(Si on vous répond :

« *Je passe mes soirées à faire du curling* »,

sachez rebondir et improviser, ce livre n'a pas réponse à tout !)

→ **Si on ne vous présente pas**, il faut aborder vous-même la personne repérée de loin pour – c'est un fait – ses qualités purement plastiques. Approchez-vous et sachez lier conversation sans paraître trop artificiel (même s'il est impossible de ne pas l'être, en de telles circonstances ; mais la chose est tacitement admise par les impétrants).

- Évitez :

« *Le champagne vous fait toujours cet effet-là ?* »

- Évitez tout autant :

« *Ah ! enfin une jolie fille !* »

☛ Préférez :

« *Puisque je suis là, autant me rendre utile ; vous voulez un verre de champagne ?* »

→ **La suite des aventures est alors la même que celle du dîner** : échanges de propos, puis de regards, puis de confidences, puis de promesses à demi-mot. On se jauge, on se teste, on s'évalue. N'oubliez jamais que la notion essentielle n'est pas le charme mais l'**humour**, qui lui est constitutif. Faites rire au lieu d'épater, amusez au lieu d'emballer.

Cas 3 : **Dans une boîte de nuit**

On grimpe dans la difficulté. D'aucuns estiment que les rencontres en boîtes de nuit se passent de mots (faut dire qu'avec le bruit de ces endroits...) et que tout y est question de corps. Certes, mais nous ne sommes pas des bestiaux. Laissons les animaux s'accoupler et tâchons de prendre quand même la parole.

→ **Si la personne danse**. Vous pouvez vous approcher comme le serpent et danser à ses côtés. Mais il y a bien un moment où la fatigue arrive (ou alors c'est la musique qui s'arrête). Vient donc l'heure des mots...

☛ Physiologique :
« *Ça ne vous a pas donné soif ?* »

☛ Épuisé :
« *Ça vous ennuie si on s'assoit un petit peu… au calme ?* »

◗ Évitez :
« *On va chez moi ou chez toi ?* » (Certes, ça peut marcher, mais un peu de dignité que diable !)

➜ **Si la personne est assise au bar ou sur une banquette.** Assurez-vous d'abord que, si elle est accompagnée, elle ne soit pas « sous clef » (dans ces lieux de perdition, la notion de propriété privée est souvent exacerbée par l'alcool ou les substances illicites).

Approchez-vous et tâchez de lier conversation comme devant le buffet de la soirée précédemment évoquée :
« *Puisque je suis près du bar, vous voulez quelque chose à boire ?* »

Ensuite la conversation est plus ou moins la même que durant le dîner sus-évoqué. La seule différence se compte en nombre de décibels. Vous serez également contraint de limiter la longueur des phrases et le nombre des mots employés (avec le volume de ces musiques sauvages, on ne peut raffiner son propos).

◗ Évitez :
« *Admirables, ces cantilènes bantous, non ?* »

☛ Préférez :
« *Vous aimez le rap, vous ?* »

Cas 4 : En terrasse de café

On progresse toujours dans la difficulté, car il n'est pas évident d'aborder un inconnu dans un lieu aussi public (qu'on le veuille ou non, la boîte de nuit est prévue à cet effet ; pas le café). Souvent, les gens seuls au café entendent le demeurer. Ne vous découragez pas ! De toutes les manières, vos sabots sembleront lourds, il faut vous y faire.

- Cherchez un angle d'attaque.

– Centre d'intérêt commun :
« *Tiens, vous aussi vous lisez le dernier livre de Gilles Chauvier ?* »
– Douleur commune :
« *Moi c'est pire : ce serveur m'a renversé la moitié du café sur les genoux…* »

Une fois la bête ferrée, à vous de jouer ! Courage et confiance !

Cas 5: Dans un transport en commun

Situation plus facile que le café, car – comme pour le dîner – vous vous retrouvez côte à côte avec des inconnus. Mais les comportements varient en fonction du type de transport.

→ **Train** : si possible, aidez aussitôt la personne à installer ses bagages au-dessus de vos sièges respectifs : « *Laissez-moi vous aider…* »

Puis tâchez d'embrayer illico la conversation, sans être insistant (« *et vous allez où avec une valise aussi lourde ?* ») car ne rien dire et revenir à la charge plus tard est quasiment impossible.

→ **Avion** : l'exiguïté d'un avion force presque à l'échange (pour peu que l'un ou l'autre veuille aller aux toilettes…) Tout est donc propice à la parole.

Trouvez une manière de faire des commentaires sur votre situation commune. « *Je m'attendais à ce que la nourriture soit moins bonne…* » ; lisant par mégarde par-dessus son épaule, vous pouvez également chuchoter : « *Tiens, Machin accorde des interviews au* Monde, *maintenant ?* »

→ **Métro** ou **bus** : moins évident car plus bref. Il y a toujours manière d'aider les gens (porter une poussette, un sac, un paquet encombrant ; céder sa place, etc.)

Vous pouvez aussi jouer au Français de souche et râler contre tout : les grèves des transports en commun et les couloirs de bus sont toujours un terrain fertile.

Cas 6 : Par Internet

Nouveau moyen de communication, Internet est plus qu'un lieu de drague, c'est une véritable plateforme de rencontre. Outre les inévitables *Meetic* et autres sites pour trouver l'âme sœur, l'incontournable *Facebook* est devenu un étrange moyen de retrouver des amis d'enfance, ses premières amours ou bien encore lier connaissance avec de parfaits inconnus. C'est donc en soi un médium d'approche et nous n'avons rien à conseiller, puisque la bonne entente entre les deux inconnus y est induite.

Toutefois, par respect pour notre langue, rappelez-vous que – comme pour le mail ou le texto – il est toujours préférable de rédiger intégralement ses phrases et de ne jamais oublier que l'écrit n'est pas l'oral.

3 règles d'or

- ✔ Soyez **ATTENTIF** à l'autre mais ne vous oubliez pas pour autant.
- ✔ Soyez **DRÔLE**. On pardonne toujours à qui vous fait rire.
- ✔ Ne soyez **JAMAIS INSISTANT**. Rien n'est pire qu'un pot de glu.

LA FRANCHISE

L'honnêteté est une vertu à double tranchant. Dire franchement ce que l'on pense peut parfois devenir catastrophique, et l'enfer se pave de bonnes intentions. Ce n'est pas votre honnêteté qui est en cause, mais la façon dont vous l'articulez, et la manière dont elle est perçue. À dire vrai, il est possible d'énoncer toutes les vérités les plus redoutables, dès l'instant qu'elles sont enrobées et astucieusement camouflées. Ce qu'on appelle des dragées au poivre. Mais attention : mal fagotée, votre franchise peut conduire à des clashs, voire des brouilles. Une fois de plus, la plus grande vertu reste la prudence... Ici, chaque mot a son rôle...

Cas 1 : **Un ami vous demande son avis sur un travail qu'on lui propose**

Vous retrouvez votre meilleur ami au café car il a une grande nouvelle à vous annoncer : il était jusqu'alors un brillant chirurgien et on lui propose un job... dans la banque.
« *Il s'agit d'être conseiller médical d'un grand groupe financier ; je vais beaucoup voyager, ça va être passionnant !* »

Pour vous, il commet là l'erreur de sa vie. Dès qu'il quitte le bloc opératoire, votre ami est un gaffeur charmant et distrait. Mais dans les milieux d'argent, à la moindre incartade, vous sautez. Comment lui dire qu'il ne tiendra pas deux semaines et se retrouvera au chômage?

◗ Évitez:
« *C'est une erreur catastrophique.* »
☛ Préférez:
« *Je ne sais pas si je partage totalement ton enthousiasme…* »

◗ Évitez:
« *Tes futurs patrons savent-ils que tu as toujours été nul dès qu'il s'agissait d'argent?* »
☛ Préférez:
« *Je pense franchement que tu avais trouvé ta voie et qu'il est risqué d'en changer…* »

◗ Évitez:
« *Ces gens-là vont te broyer; ils ne feront de toi qu'une bouchée!* »
☛ Préférez:
« *À l'hôpital, les gens ont vraiment besoin de toi.* »

◗ Évitez:
« *Tu vas te faire détruire.* »
☛ Préférez:
« *Rappelle-toi que ton vrai métier est de sauver des vies.* »

D'une manière générale

➔ Instillez le doute dans son esprit sans le démoraliser.

➔ Mettez en valeur ses qualités présentes pour induire une sorte de nostalgie du métier qu'il s'apprête à quitter (« tant de gens se cherchent, alors que tu t'étais trouvé... »).

➔ Donnez-lui l'illusion qu'il est maître de son choix et de sa vie. Ne vous mettez jamais à sa place, il le prendrait mal. Soyez plus renard et jouez les accoucheurs : faites naître les doutes dans son esprit comme s'ils étaient apparus tout seuls.

➔ Enfin, s'il se cabre brusquement, réalisant que vous êtes en train d'abattre son château de cartes, rappelez-lui : « *Dis donc, c'est toi qui m'as demandé mon avis…* »

☛ Faites toujours jouer la clause d'amitié :
« *Si moi je ne te le dis pas, qui d'autre va le faire ?* »
« *Je te connais depuis trop longtemps pour te mentir…* »
« *L'amitié, c'est la franchise…* »
« *L'honnêteté est une vertu cardinale…* »
« *Si on ne se dit pas franchement les choses, rien ne sert d'être potes depuis trente ans ?* »

TRUC : À tous ces arguments, ajoutez régulièrement des « ***Tu ne crois pas ?*** » qui l'obligent à vous répondre et lui donnent l'illusion que vous ne lui faites pas de véritable sermon (même si c'est le cas !).

Cas 2 : Un ami vous annonce qu'il va se marier avec une femme que tout le monde déteste (ou inversement)

Comme toujours, quand le sentiment s'en mêle, on danse au-dessus du vide. Vous êtes dans le même café, devant le même verre, en tête à tête avec le même ami qui vous a convoqué. Aujourd'hui, il ne vous parle pourtant pas de travail, mais d'amour.

« *J'ai demandé Céline en mariage…* », vous annonce-t-il avec une timidité de collégien, car ces choses-là ne sont pas si faciles à dire.

Dans votre tête à vous, tout s'accélère. Céline est une plaie qu'il a rencontrée récemment, après une grosse peine de cœur. Elle a fait office de pansement mais maintenant votre ami va mieux: le *band-aid* est périmé et il devrait en changer. Mais Céline s'accroche, faisant parfois jouer la culpabilité lorsque votre ami se montre un poil négligent. (Rappelez-vous cette scène, pas plus tard que la semaine dernière: devant toute votre bande de copains, elle a insulté votre ami en lui serinant:
« *Qui était là quand tu étais au fond du trou, hein? aucun d'eux! c'est moi qui t'ai sorti de la dépression où t'avait plongé cette p…; alors sois-m'en de temps en temps reconnaissante!* »)

BREF : Si votre ami l'épouse, elle va définitivement le brouiller avec son vieux clan. Que faire ? Tenter d'en parler... Mais quand le cœur est en jeu (et, d'une manière générale, tous les sentiments) soyez d'une diplomatie redoutable, quitte à être hypocrite, flagorneur ou vous contredire. La véritable amitié vaut bien quelques bénins mensonges.

◗ Évitez :
« *Je suis effondré.* »
☛ Préférez :
« *Je suis un peu surpris…* »

◗ Évitez :
« *Tu ne pouvais pas m'annoncer une pire nouvelle.* »
☛ Préférez :
« *Je ne m'y attendais pas… laisse-moi le temps de digérer.* »

◗ Évitez :
« *Il faut absolument arrêter ça !* »
☛ Préférez :
« *Est-ce que tu es bien sûr de toi ?* »

◗ Évitez :
« *Céline est un dragon. Elle va te pourrir la vie.* »
☛ Préférez :
« *Céline est un personnage complexe et haut en couleur, et il est parfois difficile de la décoder…* »

◗ Évitez :
« *Céline nous déteste; elle va te brouiller avec tous tes potes.* »
☛ Préférez :
« *Quand on est tous ensemble, Céline est parfois un peu froide.* »

◗ Évitez :
« *Céline est une pouffiasse qui a trouvé le bon pigeon.* »
☛ Préférez :
« *Toi qui aspirais au calme, Céline ne sera pas de tout repos...* »

◗ Évitez :
« *Tu peux faire une croix sur nous au mariage.* »
☛ Préférez :
« *J'espère que tu ne te maries pas quand on part à Malte, j'ai déjà pris les billets...* »

Il est évident que vous ne pouvez le convaincre de but en blanc de faire marche arrière. Si vous le tentez, vous avez 95 % de chance de ne jamais revoir votre ami. Comme pour le cas précédent, il s'agit à nouveau **d'instiller le doute**, de le faire réfléchir sur son cas.

Dialogue type

☛ Dites-lui :
« *Tu as décidé ça sur un coup de tête; remets tout ça en perspective. Est-ce que tu as vraiment envie de te remarier ?* »

➔ Il peut vous répondre l'inévitable :
« *Céline en a tellement envie.* »

☛ Rétorquez-lui alors, sans crainte d'être sentencieux :
« *Un mariage, ça se fait à deux : vous devez être en phase, sur la même longueur d'onde.* »

➔ Il peut insister :
« *Ça fait tellement plaisir à Céline.* »

☛ Insistez vous-même :
« *Le mariage n'est pas qu'un plaisir... tu en as toi-même fait les frais il y a peu de temps, rappelle-toi...* »

➔ Faites-lui également comprendre que s'il montrait tant de **timidité** à vous annoncer la nouvelle, ça prouve bien que quelque chose le dérange, au-delà de la simple pudeur. Il n'est pas sûr de lui et a besoin de votre conseil, voire d'une forme de validation par l'une des personnes qu'il estime le plus. S'il a confiance en vous, n'en abusez pas pour autant et soyez délicat. **Avancez en pointillé**, sans violence, car il se met à nu devant vous et il est d'autant plus fragile et vulnérable.

➜ En désespoir de cause, faites-lui douter de son choix, de ses options, **de tout** ce qui semble solide dans sa vie... **à part votre amitié sincère**. Mais c'est là le jeu le plus dangereux.

➜ Toutefois, si Céline est une perle et que vous soyez secrètement jaloux, vous n'êtes qu'un beau salopard et vous feriez mieux de vider votre verre et de laisser votre ami vivre sa vie!
(NB: comme pour chaque exemple, nous sommes partis sur la convention homme-femme; il va de soi que l'occurrence s'applique à tous les sexes combinés à loisir.)

Cas 3: **Un proche ami est un artiste plus ou moins contrarié et vous soumet sa dernière création**

Ce cas est presque aussi délicat que le précédent; en certains points il l'est plus, car il concerne le cœur intime de votre ami, son jardin le plus secret, qu'il n'ouvre presque jamais.

Une fois de plus, le café est le même, tout comme le diabolo. Votre ami vous a envoyé par e-mail, la semaine dernière, le livre sur lequel il travaille depuis des années. Déjà au lycée il vous parlait de ses rêves d'écriture. Vous n'avez jamais pris ça au sérieux, et c'est même devenu un « running joke » dans votre groupe d'amis.

« *Et ton livre?* », entend-on souvent, durant vos soirées de groupe.

« *Un jour, vous verrez…* » répond-il avec un sourire mi-humilié mi-confiant, car il cache son jeu depuis des années.

Et voilà que, la semaine dernière, vous avez reçu sur votre mail du bureau ce message sibyllin intitulé:
« *Ça y est…* »

Le soir même, le livre était imprimé et vous en entamiez la lecture chez vous, en vous isolant du vacarme familial. Le lire d'une traite vous a demandé un certain effort, mais la curiosité était la plus forte. Hélas, on dit souvent qu'elle est un vilain défaut! L'adage se confirme aujourd'hui, car au lieu de ne pas accuser réception du mail de votre ami, lui rétorquant:
« *Non pourquoi?* »
à la question: « *Tu as reçu mon mail?* »,
vous lui avez aussitôt répondu:
« *Je lis ça dès ce soir et je t'appelle demain matin…* »

Arrive le lendemain matin. Vous êtes mal à l'aise, vous tournez autour de votre téléphone ; impossible de reculer, maintenant. Vous appelez.

« *Alors, tu l'as lu ?*
– *On peut s'en parler au café, après le boulot ?*
– *Mais ça t'a plu ?*
– ***Tout ce qui te concerne m'intéresse**… mais on se parle ce soir…* »

Arrive le rendez-vous fatidique...

◗ Évitez :
« *Je n'en reviens pas que tu aies finalement écrit ce bouquin.* »
☛ Préférez :
« *J'ai toujours su que tu y arriverais.* »

◗ Évitez :
« *C'est fou de passer autant d'années pour accoucher d'un texte aussi court.* »
☛ Préférez :
« *Tu travailles vraiment sur la densité.* »

◗ Évitez :
« *Je ne sais absolument pas quoi en penser…* »
☛ Préférez :
« *C'est un livre déroutant, mais je crois que ça te ressemble terriblement…* »

◗ Évitez :
« *Je suis désolé mais tu n'es pas un écrivain…* »
☛ Préférez :
« *Écrire un livre est une chose; maintenant il va falloir trouver un moyen de le publier…* »

◗ Évitez :
« *C'est impubliable.* »
☛ Préférez :
« *Tu as contacté des éditeurs?* »

◗ Évitez :
« *C'est beaucoup trop long et on vacille à mi-parcours.* »
☛ Préférez :
« *L'intrigue gagnerait peut-être à être resserrée.* »

◗ Évitez :
« Ne le montre à personne, tout le monde va se foutre de toi… »
☛ Préférez :
« Ne le montre pas à n'importe qui, ce n'est pas un texte facile ; c'est une lecture qui se mérite. »

◗ Évitez :
« C'est incompréhensible. »
☛ Préférez :
« C'est intéressant. »

◗ Évitez :
« C'est prétentieux. »
☛ Préférez :
« C'est exigeant. »

◗ Évitez :
« Je me suis emmerdé. »
☛ Préférez :
« Ce n'est pas mon univers… »

(NB : Nous avons pris pour exemple le cas d'une œuvre littéraire, il va de soi que ce cas s'applique à tous les arts : peinture, dessin, musique, sculpture, cinéma. Les expressions à employer varient peu et le ton se doit d'être le même.)

EN DÉSESPOIR DE CAUSE…

Il est des cas extrêmes où votre ami risque vraiment gros ; oubliez la diplomatie et la rhétorique : la franchise brute est alors nécessaire, et tant pis si elle fait mal. Ne biaisez plus et allez-y franc du collier, en le regardant droit dans les yeux pour qu'il y lise toute votre sincérité :

✔ « *Je ne vais pas te mentir, mais je crois que tu fais une erreur.* »

✔ « *Est-ce qu'une seule fois je t'ai donné un mauvais conseil ? Non ? Alors écoute-moi…* »

✔ « *Tu m'as demandé mon avis, je vais te donner celui d'un ami sincère qui te connaît et t'aime depuis des années.* »

✔ « *Il y a des moments où la franchise passe avant les manières, et je te préviens que je vais être un peu violent…* »

✔ « *Une véritable amitié c'est avant tout une question de confiance ; et toi, tu me fais confiance, n'est-ce pas ? Tu sais que jamais je ne te pousserais vers un mauvais choix ?* »

3 règles d'or

À APPLIQUER EN TOUTE CIRCONSTANCE

CONTREDIRE

Évitez : « *Non, vous avez tort.* »
Préférez : « *Je comprends votre point de vue, mais je ne le partage pas.* »

Évitez : « *C'est idiot !* »
Préférez : « *Je ne comprends vraiment pas où vous voulez en venir ; expliquez-vous...* »

Évitez : « *Tu n'as pas le droit de dire ça !* »
Préférez : « *Ton point de vue est excessif...* »

RELANCER LA CONVERSATION

Évitez : « *Apparemment on n'a plus rien à se dire...* »
Préférez : « *Un ange passe.* » (même si on l'a trop entendu)

Évitez : « *De quoi on va parler, maintenant ?...* »
Préférez : « *Laissez-moi vous raconter ça...* »

CHANGER DE SUJET QUAND LE TERRAIN DEVIENT GLISSANT

Évitez : « *Non, on ne va sûrement pas parler de ça !* »
Préférez : « *On a déjà évoqué ce problème...* »

Tics et tocs de langage à proscrire

Notre langue est riche de milliers de mots et expressions. Veillez à toujours enrichir votre langage sans faire appel systématiquement au même mot.

Bref: traquez les mots parasites et cherchez toujours le mot juste.

Proscrivez

« *Si tu veux* »

« *Tu vois* »

« *Voilà, quoi…* »

« *Bon ben c'est bien* »

« *Je veux dire* »

« *C'est clair* »

« *C'est juste que…* »

« *Tout à fait* »

« *Okay* »

« *Good…* »

« *Enfin* »

« *En fait* »

« *No problem* »

« *Pas de problème/ souci*»

« *C'est vrai que…* »

« *Et tout, et tout…* »

LES HUMEURS

La colère, la joie, la rage, l'enthousiasme, la gratitude, les excuses, la repentance, l'humour... les cas ne manquent pas où l'on est obligé de manier les mots avec une précision toute particulière. C'est même un travail d'orfèvre que de savoir construire ses phrases (les ouvrager?) quand elles suivent parfois des coups de tête. Il ne faut pas pour autant abandonner la spontanéité, qui fait de nous des humains et non des machines. Toute la difficulté est donc d'intégrer certains « schémas langagiers » afin qu'ils s'installent dans notre inconscient et surgissent à bon escient, sans qu'il nous soit besoin de faire spécifiquement appel à eux.

L'instinct du mot juste, en somme: c'est-à-dire, la civilisation.

Félicitations et compliments

La flatterie fait partie intégrante de nos sociétés. En tout homme sommeille un courtisan, et il s'agit de savoir manier, le moment venu, cette rhétorique du compliment. Rappelez-vous également que ce sont les circonstances où l'on est le plus scruté par les autres, celles où les amis deviennent ennemis, où les détracteurs virent sectateurs. L'orgueil ne pardonne pas plus que l'humilité, car toujours on vous soupçonnera de fausse modestie.

En un mot : le succès des uns excite la jalousie des autres et seul le mot juste permet de naviguer entre ces deux rives.

En faire...

Pas si facile de féliciter quelqu'un... Car tout est question de jauge. Il s'agit de trouver un juste équilibre. Ni flagornerie, ni dédain ; ni compliments excessifs, ni désinvolture insultante. Mais un mélange de **simplicité**, d'**élégance** et de **sincérité**.

Dans le travail

Cas 1 : Un de vos amis a reçu une belle promotion

▶ Évitez : de sous-entendre que ce nouveau travail n'est pas le résultat d'une lutte acharnée mais le fait d'un heureux hasard :
« *Je viens d'apprendre ce qui t'arrivait, quel coup de chance inespéré !* »

▶ Évitez aussi : d'induire que cette évolution professionnelle arrive bien tard :
« *Bravo, il était temps, on avait même cessé d'y croire depuis longtemps.* »

▶ Évitez tout autant : de laisser supposer que cette promotion est une mise au placard ou toute forme de manœuvre sournoise de la part de la direction.

☛ Préférez :
« *Je suis très content pour toi, tu l'as bien mérité…* »

D'une manière générale, efforcez-vous d'être neutre et courtois, sans chercher à invoquer les motifs qui (à tort ou à raison) ont pu conduire à cette heureuse initiative de la hiérarchie. Lorsque votre tour viendra, vous serez heureux qu'on ne mette pas en doute votre valeur, votre travail, votre « validité professionnelle ».

Rappelez-vous également que ce sont des moments forts dans la vie de ceux qui reçoivent cette promotion ; des moments où tout s'inscrit dans leur mémoire comme dans du marbre. C'est pourquoi, tout ce que vous direz à cet instant précis pourra un jour être retenu contre vous. Prudence, prudence.

Cas 2 : Un de vos supérieurs hiérarchiques vient de monter en grade

▸ Évitez : de vous montrer inutilement cauteleux et flagorneur :
« *Monsieur le directeur, quel plaisir et quel honneur de vous appeler désormais monsieur le président…* »

▸ Évitez également : de chercher à faire un bon mot, à manier inutilement le second degré ou l'ironie ; votre patron n'est pas votre ami et les familiarités sont souvent hors de propos.
« *Monsieur le Président, je baise vos pieds…* » ;
« *Monsieur le Président, un regard de vous vaut désormais de l'or…* »

☛ Préférez :
« *Je tenais à vous féliciter pour cette promotion qui va vraiment dans le sens de l'entreprise.* »

NB : Quitte à « faire de la lèche », faites-le avec astuce et diplomatie, car vos collègues vous voient…

Dans la vie privée

Il est bien naturel de féliciter des proches pour de bonnes nouvelles. Il s'agit juste de ne pas déraper ou vouloir trop en faire.

Cas 1 : **Naissance, mariage, fiançailles...**

C'est l'occasion classique (et incontournable) de féliciter quelqu'un. Une fois de plus, on sera soucieux de ne pas trop manier l'ironie, car ce sont les rares circonstances de la vie où les impétrants perdent tout humour.

◗ Évitez :
« *Tu as enfin réussi à caser ta fille, je te félicite ; mieux vaut tard que jamais…* »
☛ Préférez :
« *Je suis enchanté d'apprendre le mariage d'Amélie.* »

◗ Évitez :
« *Je vois que ta fille ne se fiance pas avec n'importe qui : maintenant elle est comtesse, bonne pioche !* »
☛ Préférez :
« *Je te félicite, ton futur gendre a l'air charmant.* »

◗ Évitez :
« *Être grand-père, ça ne vous donne pas un coup de vieux ?* »

☛ Préférez :
« *Votre petit-fils va beaucoup apprendre à vos côtés…* »

Cas 2 : Décoration, honneur académique…

Une fois encore, traquez le cynisme.

◗ Évitez :
« *Je savais qu'on bradait la Légion d'honneur, mais alors pour toi…* »

☛ Préférez :
« *Le rouge t'ira très bien au teint !* »

◗ Évitez :
« *Tu as reçu un prix pour ce livre ? Je n'en reviens pas mais je te félicite !* »

☛ Préférez :
« *Bravo, je sais combien tu as travaillé sur ce livre…* »

… En recevoir

Nous parlions à l'instant de l'importance du regard d'autrui. Il est le même lorsque vous recevez des compliments ou des félicitations. On ne vous pardonnera jamais un excès de modestie ou un trop-plein d'orgueil ; une fois de plus, la neutralité reste la voie du milieu.

Prétention

◗ Évitez :
« *Je ne fais que récolter le fruit de mon travail…* »
« *Ça n'est que justice.* »
« *J'y avais droit, je l'ai eu…* »
« *J'y ai toujours cru…* »
« *Il était temps !* »...

☛ Préférez :
« *Je suis très heureux de ce qui m'arrive et je suis encore plus heureux de le partager avec vous.* » (N'oubliez jamais d'inclure les autres dans votre triomphe, sans pour autant les mettre sur un socle ou les dénigrer.)

Modestie

- Évitez :

« *Tant d'honneur est un peu ridicule et m'embarrasse, mais je ne peux décemment pas refuser.* »

- Évitez :

« *Tout cela n'est que vanité, mais je ne vais pas cracher dans la soupe…* » (alors que c'est précisément ce que vous êtes en train de faire, en vous abritant derrière une commode – mais illusoire – négation…)

☛ Préférez :

« *Je serais hypocrite en m'avouant surpris mais je mentirais en disant que je m'y attendais.* » (C'est un peu alambiqué mais c'est astucieusement recyclable).

Colère

La colère est, par essence, le moment où les mots vont plus vite que l'esprit. On ne peut donc conseiller des expressions toutes faites à sortir en cas de coup de sang. Toutefois, on pourra suggérer quelques lignes de conduite à garder en mémoire, quel que soit votre état de rage.

D'une manière générale : si vous êtes en colère contre quelqu'un, ne cherchez jamais à le rabaisser. Engueuler ne veut pas dire insulter. Et si injures il y a, qu'elles soient toujours liées à ce qui concerne directement l'accusé.

➔ **Pour prendre un exemple** : semoncer un de vos collaborateurs parce qu'il est paresseux est une chose ; mais en profiter pour lui rappeler qu'il s'habille mal, qu'il n'est pas forcément beau, qu'il a des défauts indépendants de sa volonté, voilà qui relève de la gratuité et fait de vous un tourmenteur.

Soyez censeur, jamais agresseur. Le délit de sale gueule contribue surtout à mettre à bas toute la cohérence de vos reproches, car il les place dans le registre de l'irrationnel ou de l'a priori.

➔ **Autre exemple** : vous pouvez engueuler un passant parce qu'il traverse en dehors des clous et vous oblige à piler en pleine rue ; pas parce que ses deux parents sont nés à Dakar et que son teint de peau vous semble constitutif de son inattention.

Pour éviter ces débordements : rappelez-vous que c'est vous qui êtes en colère. Donc placez votre état d'esprit – votre subjectivité – au centre du débat. L'interlocuteur est convoqué pour être témoin de votre désaccord, pas aussitôt accusé.

☛ Préférez toujours :
« *Je suis en colère* » ;
« *Je suis furieux contre toi/vous.* » etc.

◗ Évitez :
« *Tu es nul.* »
☛ Préférez :
« *Je suis déçu.* »

◗ Évitez :
« *Tu n'as rien compris.* »
☛ Préférez :
« *Je ne te comprends pas…* »

3 règles d'or

✔ Quel que soit votre état de rage, laissez toujours à l'autre la possibilité de se justifier. Même dans le cas d'un coup de gueule, la présomption d'innocence est de mise ; c'est l'*habeas corpus*.

✔ Calmez vous !...

✔ C'est le comportement qui vous met en colère, pas la personne dans son essence (en tout cas, dissimulez-le).

Excuses

Cas 1 : **Présenter ses excuses**

RÈGLE DE BASE

N'inversez pas les rôles et rappelez-vous qu'on ne s'excuse pas mais qu'on présente (ou à la rigueur qu'on « fait ») des excuses. C'est un détail de formulation mais il est lourd de signification et il induit beaucoup de choses. Vous avez commis une faute (quelle qu'elle soit), ne rajoutez pas une couche en vous montrant comminatoire.

◗ Évitez :
« *Je m'excuse.* »
« *Excusez-moi.* »

☛ Préférez :
« *Je vous présente mes excuses.* »

◗ Évitez :
« *Veuillez accepter mes excuses.* »
(Là encore, vous imposez quelque chose.)

☛ Préférez :
« *Je vous prie de bien vouloir m'excuser.* » ;
« *Je me suis emporté…* » ;
« *J'ai eu tort…* » ;
« *Je regrette de vous avoir peiné…* »

Cas 2 : Excuser

La position de votre interlocuteur étant suffisamment difficile comme ça, ne rallongez pas son supplice en exigeant qu'il se justifie plus qu'il ne le fait, en remuant le couteau dans la plaie de sa culpabilité, etc. Justice n'est pas vengeance et un aveu est un grand pas vers le pardon. Rappelez-vous que vous avez tout à gagner à faire preuve de clémence, et qu'il est inutile (et dangereux !) d'humilier une personne qui met genou à terre devant vous. Si vous blessez son amour-propre, ses excuses tourneront au simulacre et il ne perdra aucune occasion de se venger de cette humiliation qu'il a lui-même provoquée en venant à vous sans armes… et en vous tendant le bâton.

◗ Évitez :
« *C'est bien gentil de vous excuser, mais êtes-vous sincère, au moins ?* »
« *Excuses acceptées. Mais rien ne me dit que je peux avoir confiance en vous, maintenant.* »

☛ Préférez :
« *Tout est pardonné, passons à autre chose.* »

Plaisanterie

Le cas de l'humour est le plus difficile qui soit. On ne peut décemment conseiller ici des « blagues », car rien n'est plus intime que le sens du comique, et chacun possède le sien comme nous ne partageons avec personne nos empreintes digitales ou notre ADN.

→ On pourra toutefois rappeler la seule règle incontournable : **si tout est drôle, tout le monde ne l'est pas**. Ce qui signifie que l'on peut rire de tout, mais pas avec n'importe qui (cf. Pierre Desproges).

→ Soyez donc **très prudent** lorsque vous abordez un thème considéré comme délicat.

→ Veillez surtout à bien savoir qui vous avez en face de vous, car ce que vous prenez pour une bête galéjade peut parfois tourner à la déclaration de guerre. Qu'une boutade vire au *casus belli* est aussi fréquent que ballot.

→ Suivant le précepte qu' « on ne parle jamais de corde dans la maison d'un pendu », évitez donc par exemple :

– **De vous moquer du pape dans une maison catholique**, de La Mecque dans une maison Mahométane ou encore d'Israël (ce principe s'applique à toutes les religions ainsi qu'à leurs autorités spirituelles respectives...) Le fait religieux est suffisamment explosif pour détruire peuples et immeubles dans le monde entier. C'est sans doute LE sujet où la boutade est la plus risquée. (Si vous en avez toutefois le courage – la témérité – il n'est jamais malsain de relativiser les croyances ; mais c'est à vos risques et périls.)

– **De plaisanter sur les infirmités, les tares, les difformités** de tous ordres, si vous ne vous êtes pas assuré que vos interlocuteurs (ou leurs proches) n'en sont pas frappés. Si vous apprenez au cours de la conversation que tel est – hélas ! – le cas, tentez de retomber sur vos pieds par une ultime boutade qui vous tournerait en ridicule mais rétablirait la balance.

– **De blaguer sur des différences ethnique ou sociales,** lorsque vous n'êtes pas sûr d'avoir un public acquis à votre cause et votre mauvais esprit.

Cas particulier : il arrive que certains pratiquent l'auto-ironie. Le principe est aussi savoureux que dangereux, car parfois, se croyant en terrain conquis, leurs interlocuteurs se permettent des plaisanteries qui, malgré tout, dépassent les bornes. Ainsi les « blagues racistes » sont-elles risquées, fussent-elles lancées avec un Sénégalais qui se dit lui-même « *tête de nègre* ». Contentez-vous de rire courtoisement à sa blague (qui cache fatalement une blessure) mais évitez de renchérir (à moins de savoir exactement jusqu'où aller, ce qui implique de fort bien le connaître).

ATTENTION !

Il ne s'agit pas ici de « politiquement correct », mais de « savoir vivre » et de « survie sociale ». Nous ne portons aucun jugement de valeur sur telle ou telle forme d'humour, nous rappelons juste qu'il faut de la prudence. L'humour n'est pas là pour blesser, mais pour faire réagir, pour éveiller. Partez surtout du principe que les gens ont moins d'humour que vous et que ce qui vous fait rire peut les déranger. On ne s'improvise pas trublion si l'on craint d'y laisser des plumes. La provocation est un métier.

ERREURS DE LANGAGE À TRAQUER

Voici quelques erreurs assez courantes et qu'on peut facilement éviter ; certaines sont évidentes, d'autres plus complexes ou moins essentielles (voire spécieuses). À vous de voir !

Évitez :
Passer ses vacances à boire **et** *manger*
Préférez :
Passer ses vacances à boire **et à** *manger*

Évitez :
Aller **en** *scooter*
Préférez :
Aller **à** *scooter*

Évitez :
*Jus***qu'au***jourd'hui*
Préférez :
*Jusqu'***à** *aujourd'hui*

Évitez :
C'est à toi **à qui** *je parle*
Préférez :
C'est à toi **que** *je parle*

Évitez :
Dans le **but de**…
(le but est déjà le résultat)
Préférez :
afin de… / **pour**…

Évitez :
Causer **à** *quelqu'un*
(au sens de parler...)
Préférez :
Causer **avec** *quelqu'un*

Évitez :
Ce **que c'est** *beau !*
(sous-entend : *si vous saviez…*)
Préférez :
Que c'est beau !

Évitez:
C'est *mes parents*
Préférez:
Ce sont *mes parents*

Évitez:
Ce sont *nous!*
Préférez:
C'est *nous!*

Évitez:
Ce sont *mon père et ma mère*
Préférez:
C'est *mon père et ma mère*

Évitez:
Nous **avons** *convenu de rester ici.*
Préférez:
Nous **sommes** *convenus de rester ici.*

Évitez:
En **face** *la poste*
Préférez:
En face **de** *la poste*

Évitez:
De façon **à ce que**…
Préférez:
De façon **que**…

Évitez:
Malgré que *vous soyez*
Préférez:
Bien que *vous soyez*

Évitez:
Pallier à *ce problème*
Préférez:
Pallier *ce problème*

Évitez:
Pareil **que** *vous*
Préférez:
Pareil **à** *vous*

Évitez:
Je pars **à** *la montagne*
Préférez:
Je pars **pour** *la montagne*

Évitez:
Pour **si riche** *qu'il soit*
Préférez:
Pour **riche** *qu'il soit*

Évitez:
Je préfère partir **que** *rater mon train*
Préférez:
Je préfère partir **plutôt que** *rater mon train*

Évitez:
Je consens **à ce que** *tu viennes*
Préférez:
Je consens **que** *tu viennes*

Évitez:
Il **s'en** *rappelle*
Préférez:
Il **se le** *rappelle*

Évitez:
Réunir l'élégance **à** *la beauté*
Préférez:
Réunir l'élégance
et *la beauté*

Évitez:
Je ne sache pas
qu'il vienne…
Préférez:
Il ne vient pas,
que je sache…

Évitez:
Sa **soi-disant** *beauté*
Préférez:
Sa **prétendue** *beauté*

Évitez:
Surtout que *nous t'attendons*
Préférez:
D'autant plus que *nous t'attendons*

Évitez:
Il travaille **de trop**
Préférez:
Il travaille **trop**

Évitez:
Mou comme une **chique**
Préférez:
Mou comme une **chiffe**

Évitez:
Être à **couteau tiré** *avec moi*
Préférez:
Être à **couteaux tirés** *avec moi*

Évitez:
Noir comme **geai**
(oiseau bleu)
Préférez:
Noir comme **jais**

Évitez:
Tomber dans les **pommes**
Préférez:
Tomber dans les **pâmes**
(pâmoisons)

Évitez:
Ra*battre les oreilles*
Préférez:
Re*battre les oreilles*

Évitez:
*Essuyer des reb***i***ffades*
Préférez:
*Essuyer des reb***u***ffades*

Évitez:
Avoir le couteau **sous** *la gorge*
Préférez:
Avoir le couteau **sur** *la gorge*

Évitez:
E*ffiler un couteau*
(défaire fil à fil)
Préférez:
A*ffiler un couteau*

Évitez :
*Agoni**ser** d'injures*
Préférez :
*Agoni**r** d'injures*

Évitez :
***A**ménager quelque part (disposer avec ordre)*
Préférez :
***Em**ménager quelque part*

Évitez :
*Les combattants ont signé l'a**mnistie*** (pardon général)
Préférez :
*Les combattants ont signé l'a**rmistice***

Évitez :
*Cette mission t'**a**noblit*
(accorde un titre de noblesse)
Préférez :
*Cette mission t'**en**noblit*
(donne de la noblesse morale)

Évitez :
*Une coll**u**sion entre deux voitures* (entente secrète)
Préférez :
*Une coll**i**sion entre deux voitures*

Évitez :
*Un repas cons**équent***
(en accord avec lui-même)
Préférez :
*Un repas cons**idérable***

Évitez :
*Un vol avec **in**fraction*
(action d'enfreindre)
Préférez :
*Un vol avec **ef**fraction*
(fracture)

Évitez :
*L'**é**mersion d'un corps dans un liquide* (l'apparition)
Préférez :
*L'**im**mersion d'un corps dans un liquide*

Évitez :
*Un homme **im**minent*
(sur le point de se produire)
Préférez :
*Un homme **é**minent*

Évitez :
Malgré mon travail, je suis venu entre **temps**
(simple coïncidence)
Préférez :
Malgré mon travail, je suis venu entre **tant**
(sous-entendu : entre tant de choses...)

Évitez :
Son roman est précédé d'une **épigramme**
(pièce en vers ou trait mordant)
Préférez :
Son roman est précédé d'une **épigraphe**

Évitez:
Il a fait ***é****ruption*
Préférez:
Il a fait ***ir****ruption*

Évitez:
Il a ***in****voqué quelques souvenirs* (appeler à l'aide)
Préférez:
Il a ***é****voqué quelques souvenirs*

Évitez:
*Nous hi****b****ernons à Nice*
Préférez:
*Nous hi****v****ernons à Nice*

Évitez:
Sa culture ***en*** *impose* (trompe)
Préférez:
Sa culture impose

Évitez:
*L'inclina****tion*** *d'une rue* (acte d'incliner)
Préférez:
*L'inclina****ison*** *d'une rue*

Évitez:
*Le secteur industri****eux***
(qui a de l'habileté)
Préférez:
*Le secteur industri****el***

Évitez:
*Ces égouts infe****s****tent le quartier (ravagent)*
Préférez:
*Ces égouts infe****c****tent le quartier* (empestent)

Évitez:
*Saint Sébastien est un marty****re*** (désigne le supplice lui-même)
Préférez:
Saint Sébastien est un martyr

Évitez:
*Le mata****more*** *entre dans l'arène* (vantard peureux)
Préférez:
*Le mata****dor*** *entre dans l'arène* (torero)

Évitez:
*Le jardin ombrag****eux*** (qui a peur de son ombre, méfiant)
Préférez:
*Le jardin ombrag****é***

Évitez:
*Il a recouv****ert*** *la vue*
(couvrir une seconde fois)
Préférez:
*Il a recouv****ré*** *la vue*

Évitez:
Il est ***r****entré pour la première fois ici* (pléonasme)
Préférez:
Il est entré pour la première fois ici

Évitez:
Ce problème ressort au notaire (sortir à nouveau)
Préférez:
*Ce problème ressort***it** *au notaire* (être du ressort de...)

Évitez:
Il n'est rien moins que méchant (il n'est pas méchant)
Préférez:
Il n'est rien **de** *moins que méchant*

Évitez:
*Une fête somptu***aire**
(qui a trait au luxe)
Préférez:
*Une fête somptu***euse**
(luxueuse)

Évitez:
*Le suc***re** *de la viande*
Préférez:
Le suc de la viande
(le jus)

Évitez:
Tant qu'*à moi*
Préférez:
Quant *à moi*

Évitez:
Tant qu'*à faire la vaisselle…*
Préférez:
Quant *à faire la vaisselle…*
(pour ce qui est de...)

Évitez:
Un personnage **truculent**
(rude, farouche)
Préférez:
Un personnage haut en couleur

Évitez:
*Une plante v***enim***euse*
(qui contient du venin)
Préférez:
*Une plante v***énén***euse*
(qui contient du poison)

Évitez:
*A***d***jurer sa religion* (implorer)
Préférez:
*A***b***jurer sa religion*

Évitez:
Il nous fait croire qu'il est riche
Préférez:
Il nous fait **ac***croire qu'il est riche* (mentir)

Évitez:
*Il est â***c***re au gain* (piquant)
Préférez:
*Il est â***p***re au gain*

Évitez:
*Ce pays vit en autarc***hi***e*
(se commande soi-même)
Préférez:
Ce pays vit en autarcie
(se suffit à lui-même)

Évitez :
*Un sourire béa**n**t* (ouvert)
Préférez :
Un sourire béat (heureux)

Évitez :
*Il a but**t**é contre un arbre*
(entourer de terre)
Préférez :
Il a buté contre un arbre

Évitez :
Capter un lion (intercepter)
Préférez :
*Capt**ur**er un lion*

Évitez :
Il a fallu **choisir** *les plus beaux meubles*
Préférez :
Il a fallu **sélectionner** *les plus beaux meubles*
(choses d'une même nature)

Évitez :
*La maison s'é**b**oule*
(se dit de ce qui est empilé)
Préférez :
*La maison s'é**cr**oule*

Évitez :
*Les éboueurs ont **r**écuré la chaussée*
(nettoyé en frottant)
Préférez :
Les éboueurs ont curé la chaussée

Évitez :
Naguère, *il y a bien longtemps*
(il n'y a guère...)
Préférez :
Jadis, *il y a bien longtemps*

Évitez :
*Cette idée l'oppr**ime***
(abus de pouvoir)
Préférez :
*Cette idée l'opp**resse***
(tourmente)

Évitez :
Les soldats ont tiré tout **à** *coup* (soudain)
Préférez :
Les soldats ont tiré tout **d'un** *coup* (d'un seul coup)

Évitez :
*Un**e** abîme*
Préférez :
Un abîme

Évitez :
*Un**e** amalgame*
Préférez :
Un amalgame

Évitez :
*Un**e** anévrisme*
Préférez :
Un anévrisme

Évitez :
*Un***e** *antre*
Préférez :
Un antre

Évitez :
*Un***e** *antidote*
Préférez :
Un antidote

Évitez :
*Un***e** *aparté*
Préférez :
Un aparté

Évitez :
*Un***e** *automate*
Préférez :
Un automate

Évitez :
*Un***e** *effluve*
Préférez :
Un effluve

Évitez :
*Un***e** *hospice*
Préférez :
Un hospice

Évitez :
*Un***e** *interligne*
Préférez :
Un interligne

Évitez :
*Un***e** *intervalle*
Préférez :
Un intervalle

Évitez :
*Un***e** *pétale*
Préférez :
Un pétale

Évitez :
*Un***e** *tentacule*
Préférez :
Un tentacule

Évitez :
*Un***e** *viscère*
Préférez :
Un viscère

Évitez :
Un écritoire
Préférez :
Une écritoire

Évitez :
Un épithète
Préférez :
Une épithète

Évitez :
Un omoplate
Préférez :
Une omoplate

Évitez :
Et **puis** *après/*
et **puis** *ensuite*
(pléonasme)

Préférez:
Et après/ et ensuite

Évitez:
Le premier **en tête** *du classement* (pléonasme)
Préférez:
Le premier du classement

Évitez:
Il progresse **en avant** (pléonasme)
Préférez:
Il progresse

Évitez:
Elle se dépêcha **vite** *de rentrer à la maison* (pléonasme)
Préférez:
Elle se dépêcha de rentrer à la maison

Évitez:
Voire même (pléonasme)
Préférez:
Voire ou *même*

Évitez:
Ça m'indiffère
Préférez:
Ça **m'est** *indifférent*

Évitez:
Ça m'insupporte
Préférez:
Ça **m'est** *insupportable*

Évitez:
La dangerosité
Préférez:
Le danger

Évitez:
La faisabilité
Préférez:
La possibilité de faire qqch…

Conclusion

Au terme de ce petit tour d'horizon des possibilités langagières, on ne peut que donner un dernier conseil : **pra-ti-quez**.

Les mots sont comme l'automobile. Rien ne sert d'avoir son code si l'on ne conduit jamais. De même, inutile de posséder les plus beaux livres s'ils dorment dans une bibliothèque ; ils restent sous blister, on demeure dans l'ignorance. Autre danger : si vous avez pris ce petit guide pour une lecture divertissante, c'est qu'il échoue dans sa mission. Au contraire, c'est **vous** qui en êtes le prolongement, le «T.P. ». « *Au commencement était le verbe* », disions-nous en liminaire, « *et le Verbe s'est fait chair* ». C'est donc maintenant à vous de mettre en pratique ces brefs exercices de vie, en leur donnant de la chair par les mots.

Nous n'avons pas cherché à être exhaustif (comment l'être ?) mais nous avons voulu proposer des impulsions, des inflexions, des exemples significatifs. Dorénavant, prenez chaque occurrence comme une nouvelle « mise en situation », et sautez à pieds joints dans le langage comme on se jette dans une piscine. Au début, c'est froid, c'est inquiétant, presque désagréable. Puis on se souvient qu'on sait nager et qu'on voit le monde d'un autre angle, d'un œil nouveau.

Bref, maintenant, à vous de jouer : sus aux mots !

Cet ouvrage
a été achevé d'imprimer
sur Roto-Page
par l'Imprimerie Floch
à Mayenne en mai 2009

N° d'édition : 01. N° d'impression : 73889
Dépôt légal : juin 2009
Imprimé en France